近代精神文化系列

大学史话

A Brief History of Universities in China

金以林 / 著

社会科学文献出版社
SOCIAL SCIENCES ACADEMIC PRESS (CHINA)

图书在版编目（CIP）数据

大学史话/金以林著. —北京：社会科学文献出版
社，2011.8
（中国史话）
ISBN 978 - 7 - 5097 - 2050 - 9

Ⅰ.①大… Ⅱ.①金… Ⅲ.①高等教育－教育史－中
国 Ⅳ.①G649.29

中国版本图书馆 CIP 数据核字（2011）第 111376 号

"十二五"国家重点出版规划项目

中国史话·近代精神文化系列

大学史话

著　　者／金以林

出 版 人／谢寿光
总 编 辑／邹东涛
出 版 者／社会科学文献出版社
地　　址／北京市西城区北三环中路甲 29 号院 3 号楼华龙大厦
邮政编码／100029

责任部门／人文科学图书事业部 （010）59367215
电子信箱／renwen@ ssap. cn
责任编辑／周志静　黄　丹
责任校对／韩莹莹
责任印制／岳　阳
总 经 销／社会科学文献出版社发行部
　　　　　　（010）59367081　59367089
读者服务／读者服务中心（010）59367028

印　　装／北京画中画印刷有限公司
开　　本／889mm×1194mm　1/32　印张／5.75
版　　次／2011 年 8 月第 1 版　　字数／106 千字
印　　次／2011 年 8 月第 1 次印刷
书　　号／ISBN 978 - 7 - 5097 - 2050 - 9
定　　价／15.00 元

总　序

中国是一个有着悠久文化历史的古老国度，从传说中的三皇五帝到中华人民共和国的建立，生活在这片土地上的人们从来都没有停止过探寻、创造的脚步。长沙马王堆出土的轻若烟雾、薄如蝉翼的素纱衣向世人昭示着古人在丝绸纺织、制作方面所达到的高度；敦煌莫高窟近五百个洞窟中的两千多尊彩塑雕像和大量的彩绘壁画又向世人显示了古人在雕塑和绘画方面所取得的成绩；还有青铜器、唐三彩、园林建筑、宫殿建筑，以及书法、诗歌、茶道、中医等物质与非物质文化遗产，它们无不向世人展示了中华五千年文化的灿烂与辉煌，展示了中国这一古老国度的魅力与绚烂。这是一份宝贵的遗产，值得我们每一位炎黄子孙珍视。

历史不会永远眷顾任何一个民族或一个国家，当世界进入近代之时，曾经一千多年雄踞世界发展高峰的古老中国，从巅峰跌落。1840年鸦片战争的炮声打破了清帝国"天朝上国"的迷梦，从此中国沦为被列强宰割的羔羊。一个个不平等条约的签订，不仅使中国大量的白银外流，更使中国的领土一步步被列强侵占，国库亏空，民不聊生。东方古国曾经拥有的辉煌，也随着西方列强坚船利炮的轰击而烟消云散，中国一步步堕入了半殖民地的深渊。不甘屈服的中国人民也由此开始了救国救民、富国图强的抗争之路。从洋务运动到维新变法，从太平天国到辛亥革命，从五四运动到中国共产党领导的新民主主义革命，中国人民屡败屡战，终于认识到了"只有社会主义才能救中国，只有社会主义才能发展中国"这一道理。中国共产党领导中国人民推倒三座大山，建立了新中国，从此饱受屈辱与蹂躏的中国人民站起来了。古老的中国焕发出新的生机与活力，摆脱了任人宰割与欺侮的历史，屹立于世界民族之林。每一位中华儿女应当了解中华民族数千年的文明史，也应当牢记鸦片战争以来一百多年民族屈辱的历史。

当我们步入全球化大潮的 21 世纪，信息技术革命迅猛发展，地区之间的交流壁垒被互联网之类的新兴交流工具所打破，世界的多元性展示在世人面前。世界上任何一个区域都不可避免地存在着两种以上文化的交汇与碰撞，但不可否认的是，近些年来，随着市场经济的大潮，西方文化扑面而来，有些人唯西方为时尚，把民族的传统丢在一边。大批年轻人甚至比西方人还热衷于圣诞节、情人节与洋快餐，对我国各民族的重大节日以及中国历史的基本知识却茫然无知，这是中华民族实现复兴大业中的重大忧患。

中国之所以为中国，中华民族之所以历数千年而不分离，根基就在于五千年来一脉相传的中华文明。如果丢弃了千百年来一脉相承的文化，任凭外来文化随意浸染，很难设想13亿中国人到哪里去寻找民族向心力和凝聚力。在推进社会主义现代化、实现民族复兴的伟大事业中，大力弘扬优秀的中华民族文化和民族精神，弘扬中华文化的爱国主义传统和民族自尊意识，在建设中国特色社会主义的进程中，构建具有中国特色的文化价值体系，光大中华民族的优秀传统文化是一件任重而道远的事业。

当前，我国进入了经济体制深刻变革、社会结构深刻变动、利益格局深刻调整、思想观念深刻变化的新的历史时期。面对新的历史任务和来自各方的新挑战，全党和全国人民都需要学习和把握社会主义核心价值体系，进一步形成全社会共同的理想信念和道德规范，打牢全党全国各族人民团结奋斗的思想道德基础，形成全民族奋发向上的精神力量，这是我们建设社会主义和谐社会的思想保证。中国社会科学院作为国家社会科学研究的机构，有责任为此作出贡献。我们在编写出版《中华文明史话》与《百年中国史话》的基础上，组织院内外各研究领域的专家，融合近年来的最新研究，编辑出版大型历史知识系列丛书——《中国史话》，其目的就在于为广大人民群众尤其是青少年提供一套较为完整、准确地介绍中国历史和传统文化的普及类系列丛书，从而使生活在信息时代的人们尤其是青少年能够了解自己祖先的历史，在东西南北文化的交流中由知己到知彼，善于取人之长补己之短，在中国与世界各国愈来愈深的文化交融中，保持自己的本色与特色，将中华民族自强不息、厚德载物的精神永远发扬下去。

《中国史话》系列丛书首批计 200 种，每种 10 万字左右，主要从政治、经济、文化、军事、哲学、艺术、科技、饮食、服饰、交通、建筑等各个方面介绍了从古至今数千年来中华文明发展和变迁的历史。这些历史不仅展现了中华五千年文化的辉煌，展现了先民的智慧与创造精神，而且展现了中国人民的不屈与抗争精神。我们衷心地希望这套普及历史知识的丛书对广大人民群众进一步了解中华民族的优秀文化传统，增强民族自尊心和自豪感发挥应有的作用，鼓舞广大人民群众特别是新一代的劳动者和建设者在建设中国特色社会主义的道路上不断阔步前进，为我们祖国美好的未来贡献更大的力量。

陈奎元

2011 年 4 月

作者小传

金以林，1967 年生，毕业于中国人民大学历史系（本科）、香港大学中文系（硕士）、新加坡国立大学中国研究系（博士）；1993 年调入中国社会科学院近代史研究所工作，现任研究员、中华民国史研究室主任；曾任美国斯坦福大学胡佛研究所、台湾中研院近代史研究所访问学者；著有《近代中国大学研究》、《国民党高层的派系政治》，先后在《中国社会科学》、《历史研究》、《近代史研究》、《抗日战争研究》发表论文十余篇。

目　录

大学史话

一 清末大学教育的萌发

 ## 近代大学教育的萌芽

中国近代大学教育不是从中国社会内部自然萌生的，而是在同西方文化的接触中孕育出来的。这种文化接触，又是伴随着西方列强对中国的侵略而来的。

1840 年第一次鸦片战争失败后，中国闭关自守的国门被西方列强用炮舰打开，侵略者接踵而至。1860年第二次鸦片战争中，英法联军攻破北京，火烧圆明园。直到此时，被李鸿章称为"数千年来未有之强敌"才真正震动了国人，清王朝被迫同列强交往。第二次鸦片战争后，清政府中有一批官僚，从维护自身统治出发，在"自强新政"的招牌下，鼓吹举办"洋务事业"，这些官僚就是后来人们所说的"洋务派"。

当时，洋务派对西方文明的认识，仅局限于军事及有关的近代科学技术。在他们眼里，西方人所擅长的不过是精良武器和机械制造而已。因而洋务派在教育方面所采取的主要措施是建立新式学堂，兴办"西学"。而他们心目中所谓的"西学"概括起来讲，就是

"西文"和"西艺"。"西文"即学习外国语言文字；"西艺"即学习使用和修理洋船、洋炮、洋机器等技术知识。

在洋务派广泛设立的新式学堂中，大致可以分为三类：第一类是方言学堂，也就是外国语学堂，主要培养翻译人员；第二类是技术学堂，主要是训练能熟练驾驶轮船，使用和维修洋机器的人才和一些掌握现代化通讯技术的人员；第三类是军事学堂，主要是训练陆海军指挥人才，培养能使用洋枪、洋炮的士兵和军官。

1860 年，洋务派首领恭亲王奕訢奏请设立总理各国事务衙门，专门办理对外交涉。当时的清朝官员都不懂外语，"语言不通，文字难辨，一切隔膜"，跟洋人打交道很困难。于是恭亲王上奏皇帝建议开设外国语学校。

1862 年，清政府在北京正式开设京师同文馆，这是中国人学习外国语的开端。同文馆也就成了中国最早的外国语学院。继同文馆而起的，有 1863 年在上海设立的广方言馆和 1864 年设立的广州同文馆。同文馆的学生均是八旗子弟，而广方言馆打破了这种限制，广泛接纳汉族子弟入校学习。

这三所学校都可归属于外国语专科学校。

1866 年，左宗棠创办的福建船政学堂，可以说是近代中国最早的造船与驾驶专科学校。它是福建马尾船厂的附设学堂。这个学堂分为前后两部。前堂聘请法国人教制造，用法语授课，又称"法国学堂"，主要是培养造船技术人才；后堂聘请英国人教驾驶，用英文授课，又称"英国学堂"，主要是培养驾驶人才。

1867年，曾国藩采纳中国近代第一个留学生容闳的建议，在上海创建了江南制造局，同时在该局附设机器学堂和翻译馆。翻译馆专门翻译西方有关理化工程方面的书籍，它对于中国近代自然科学的发展有相当深的影响。机器学堂是一所工程学堂，科目繁多，它不同于船政学堂仅设造船与驾驶两科。几年后，李鸿章在同洋人打交道的过程中，深感"用兵之道，必以神速为贵，电报实为防务必需之物"。为此，他于1879年设立天津电报学堂。三年后，又在上海建立了一所电报学堂。

以上这四所学校，都可以归属于工业专科学校。

天津水师学堂可以说是中国最早的军事专科学校。它是李鸿章于1880年创办的。该校分驾驶与管轮两科，都用英文讲授。它虽与福建船政学堂有相似之处，但偏重于军事方面。继这所学堂而后创立的有广东水师学堂（1887）和南京水师学堂（1890）。至于陆军方面，则以1885年创办的天津武备学堂为最早。该学堂分两部：一部是轮流挑选各营弁兵百余人学习使用西洋武器，这是士兵教育的开始；另一部选募有一定知识的"良家子弟"，培养军事指挥人才，这是中国近代军官教育的开始。这所学校培养的学生，成为后来"北洋军系"的胚胎，著名的"北洋三杰"王士珍、冯国璋、段祺瑞均毕业于该校。继这所学堂之后创立的有：广东陆师学堂（1886）、南京陆军学堂（1895）和湖北武备学堂（1895）。与此相关的还有 1893 年李鸿章在天津创办的军医学堂，这是中国人自设西洋医学的开始。

以上这几所学堂都可归属于军事专科学校。

从 19 世纪 60 年代到 90 年代，30 多年间洋务派兴办的洋务教育，对中国传统封建教育可以说是个突破和重大改革。洋务教育在教学内容方面，除了教授传统的学科之外，还扩充了一些近代科学技术和外国语文。在教学方式方法上也有了不少改进。客观上对传播近代西方科学技术、兴办近代专科学校、创建中国近代的大学教育，都起到了一定的进步作用，对以后的维新运动也产生过积极影响。

1894 年爆发的中日甲午之战，中国海陆军遭到惨败，洋务派经营了十多年的北洋水师全军覆没。这实际上宣告了洋务运动的破产。

甲午战争后，西方列强乘机在中国掀起了一次割地狂潮，中国又一次面临被瓜分的危机。于是在全国兴起一场救亡图存的维新变法运动。

这一运动在教育领域则表现为"中学"与"西学"之争。洋务教育的主旨是："中学为体，西学为用"，即以传授中国传统的经史之学为基础，把它放在首要的地位，然后再学习西学中有用的东西，以补中学的不足。这一理论在早期确实起过积极作用。但随着世界资本主义的发展，当时中国的很多先进人物逐渐认识到"中体西用"论实在是不伦不类。维新派的代表人物严复就曾一针见血地指出：体和用是不可分割的，中学和西学各不相同，"中学有中学的体用，西学有西学的体用。分之则两立，合之则两止"。他们主张不仅要学习西方先进的自然科学知识，还要学习西方思想文化，改良政体。变"中体"的君主专制制度为"西体"的君主立宪制度，已成为当时知识界相当普遍的一种思潮。

维新派在教育方面不仅全面否定"科举制度"，还明确指出洋务教育的严重不足。梁启超在其《学校余论》一文中就严厉批评洋务教育"未尝有非常之才出乎其间，以效用于天下"，最多"仅为洋人广蓄买办之才"而已，洋务派所办的西学"不过语言文字之浅，兵学之末，不务其大，不揣其本，即尽其道，所成已无几矣"。维新派主张全面系统地学习西方办学模式，实行"西学体用"，兴办新式大学教育，培养合乎时代发展需要的科技人才。

正当人们对过去30年洋务教育进行利弊总结、评论长短之时，在维新运动的影响下，清政府的一些官员也开始积极筹办新式学堂，其中最著名、起率先作用的当首推天津海关道盛宣怀创办的"北洋西学学堂"。"北洋西学学堂"既不采纳"中体西用"论，又没有"全盘西化"，而是以"西学体用"为指导思想，效法美国大学而办起的一所新式学堂。

 近代中国第一所大学——

北洋大学堂

中国的高等学府，古已有之。但把高等学府称为

"大学"，则是清朝末年之事。近代中国教育史上，第一所新式大学，便是 1895 年 10 月天津海关道盛宣怀创办的北洋大学堂（即今日的天津大学）。初创名为北洋西学学堂，第二年更名为北洋大学堂。

北洋西学学堂自创办之日起，就有别于以往建立的各类新式专科学校，而以美国大学为模式，以"西学体用"为办学方针，全面系统地学习西学。学校的一切设置，皆以美国著名学府哈佛、耶鲁大学为蓝图。学校所需的图书、标本、仪器、实验器材，都尽量从美国购置。仅西方杂志一项，自学堂创办初期，就经常保持有一百余种，且均为世界理工权威学术期刊，在当时的中国可以说是独一无二的，被誉为"东方的康乃尔"。

北洋大学堂之所以取得如此之大的影响，关键是采取了与中国以往所有各类学校完全不同的教学方针。盛宣怀在创办时就明确提出："所有学堂事务，任大责重，必须遴选深通西学体用之员总理，方不致有名无实。"因此，学校聘请了美国著名教育家丁家立（C. D. Tenney）为总教习。

丁家立 1857 年生于美国波士顿，是英国血统的美国人。1879 年，他毕业于美国欧柏林大学研究院，获神学硕士学位。1882 年来华，先在山西传教，后以学者身份到天津从事文化活动，开办中西书院，自任院长，并在美国驻天津领事馆工作，任副领事。同时，他还受聘于李鸿章，担任其子的私人教师。

1895 年，丁家立受聘为北洋西学学堂第一任总教习（相当于现代大学的教务长）后，便停办了自己的中西书院，专心致志地办北洋西学学堂。学堂成立时设督办（校长）一职，由盛宣怀兼任，实际上学堂事务都由总教习丁家立一人负责。丁家立也以校长自居，常常在办公文件和自己的著作上署名 President（校长）。盛宣怀于 1896 年调任上海铁路总公司督办，学堂督办由继任的天津海关道兼任，实际上不到学堂视事，学堂仍由总教习丁家立一手掌管。在学校初办时期，虽然校长更换多次，但丁氏主管全校教务却长达 11 年之久。

学堂最初的校址原是空闲了七八年的博文书院。建校不久，学堂就划进了德国租界。1900 年，八国联军镇压义和团，入侵京津，学堂校舍先被美军占领，后来又成为德军的兵营，学堂被迫停办。时任直隶总督兼北洋大臣的袁世凯曾多次同德国人交涉，要求复课，都没有成功。于是，丁家立自告奋勇，亲赴德国首都柏林，向德国政府交涉北洋大学堂校址并入德国租界的赔偿问题，并根据德国《购地章程》规定的地价、房价，从德国政府手中索取赔偿费白银 5 万两，在运河西岸的西沽村重建北洋大学堂。

1903 年 4 月，北洋大学堂正式复校，当时的天津市民都习惯叫它"西沽大学堂"。北洋得以复校，丁氏功不可没。

学堂在最初创立时，即仿效美国大学设立头等学堂为大学本科。考虑到当时的社会能考入头等学堂的人数极其有限，故又设立二等学堂为大学预科，学制均为四年。学堂成立的当月,头等学堂即在天津、上海、香港等地招取相当于二等学堂毕业者,精选 30 名作为头等学堂一年级新生。1899 年,从北洋大学堂里终于诞生了第一批中国自己培养的大学毕业生。中国第一张大学文凭(钦字第壹号)的获得者,即是毕业于该校法科法律学专业的近代著名法学家、曾任中华民国第一任外交总长的王宠惠。

北洋大学堂既是中国第一所大学,又是第一所国立大学,全部经费均由国家拨款。仅头等学堂每年所需经费就达白银 4 万两左右。当时学堂待遇也是相当优厚的。我们不妨以创办第四年(1898)头等学堂的最高开支来看,全年教师薪水共计白银 2.16 万两,占全年经费 3.9 万余两的 51%。学堂当时为了强调"西学",保证教师质量,所聘请的洋教师比华人教师收入要高出几倍,他们的收入和生活待遇都超过了其本国的水平。比如担任专业课的洋教师月薪可达白银 200两,教授外文的华人教师月薪 100 两左右,教授汉文的华人教师月薪则仅为 40 两。

在校学生的待遇也是相当不错的。创办初期,学生上学的一切费用均由国家负担,书籍、纸张、笔墨以及食宿费都由学校无偿提供。此外,学生每月还发给膏火费(即零用钱)白银一至七两不等,随年级的升高而增长。学生待遇较高的原因,主要是当时社会上大多数读书人仍视科举为正途,对所谓"西学"不大承认。因此,盛宣怀在创办时即规定学堂一定要有较高的待遇,才能吸引更多的学生报考,以保证生源质量和教学质量。后来随着科举制度的彻底废除，学习西学风气的逐渐推广，学生的零用钱也就越来越少了。

北洋大学堂在学科设置上，也不拘一格，从实际出发，随时根据社会需要而设立相关学科。开办时，学校设有法律、土木工程、采矿冶金、机械工程四科。这是因为当时清王朝在处理内政外交上急需熟悉国际公法的人才，特别是在对外交涉、商务活动中签订条约、协定等，故设法律科。在"工业救国"的口号下，急需开发资源和机械加工工业的人才，因此，设立矿冶、土木、机械等学科。1894～1898年，因建设铁路的需要，又开设铁路工程班。1906年，因外交的需要，开设法文、俄文各一班，培养翻译人才。1907～1908年，为满足中学师资需要，又开设了两期师范班。使人才培养和社会需求相结合，这是北洋大学堂初创时期的一个特点。

丁家立主持北洋大学堂校务的最大特点，就是一个"严"字，即严格聘请教师，严格挑取学生。

在延聘教师方面，丁家立要求选择学有优长者，不准徇私情，不准以个人好恶来延聘。1904年，学校又专门颁布《教习规则》共14条，对教师实行严格的考核制度，《教习规则》中明文规定："教习授课，当循循善诱，务使学生领悟，不得厌烦；学生犯规，当正言告诫，不得呵斥。"对于未经请假随意旷课或有意破坏学堂规则、不能胜任教师职责者，只要一经查明，即予以辞退。

因此，学堂教师大多是具有真才实学的中外硕学鸿儒。他们任教兢兢业业，诲人不倦，形成了严谨的教学风格。外籍教师在课外还介绍了不少欧美最新的科技发展状况，使学生开阔了思想，扩展了知识面。例如，化学教师美籍学者福拉尔博士，曾就学于瑞士，与著名科学家爱因斯坦交往甚密，对相对论学说有相当深的研究。他在北洋大学堂任教一年级化学课时，专门在课余时间选定几小时讲解相对论原理，使学生的科学思想顿然改观。学校还经常聘请国外专家学者到校演讲。后来曾任美国总统的胡佛于1899年来华时，就曾在该校矿科演讲数次。丁家立任总教习期间，还主编了一套北洋大学丛书，作为课本。其中丁家立所著《英文法程》和北洋大学堂法科教授美国人任纳福所著《世界通史》，都是后来流行很广的教科书。

北洋大学堂严格挑选学生，始终以重质不重量的作风相传于世。学堂入学考试极严，做到了宁缺毋滥，选拔尖子。1895年，北洋大学堂在香港招收第一届新生时，报名应试者1000多人，最后仅录取了十来名。1907年招考本科生时，学堂在天津、上海、广州、汉口等地花了一大笔钱登广告招生，结果各科考生中只有法科一人合格。为了保证学生质量，这一年除预科毕业升入本科的学生外，外考新生只录取了这一名。

入校后，学生的学习也不轻松。"学生学业不进，积分不及格，由总教习核定，高班者降班，无可降者许留一月以观后效，又不及格则退之。"学堂考试制度历来严格，升级考试时，主课有一门补考不及格者就得留级。每年都有相当数量的学生因考试不及格而降班，甚至退学。因此，学生一入校就开始埋头苦读，不能有任何松懈。即使是星期日，学生们也很少有人外出，因为一周中的课程哪里没听懂，都要利用星期日补上。一到星期一，老师进到教室里的第一句话就是："合上你们的书，开始考试。"

北洋大学堂正是因为有优秀的教师任教，出色的生源保障，学生的学业成绩才赢得了社会的广泛承认。蔡元培当北京大学校长时，曾建议将北京大学工科并入北洋，北洋法科并入北大。做到北大以文法为主，北洋以工科为主。北洋学生入北大后，读书感到轻松了许多；而北大学生并入北洋后，明显感觉功课吃不消，留级的学生特别多。1919 年，北洋大学堂学生因参加五四运动，当时学校曾将全体学生开除，除非学生交悔过书才许入校。时任北洋大学堂学生会主席的孙越崎找到北京大学教务长蒋梦麟，请求接收被开除的同学。蒋梦麟当场表示：北洋学生来多少，北大要多少。可见北洋学生功课之好。

从"百日维新"到"癸卯学制"

甲午战败之后，中国的内忧外患纷至沓来，国势衰颓，民不聊生，于是维新运动在中国兴起。以康有为、梁启超等人为首的维新派指斥洋务派所标榜的"中学为体、西学为用"，实是"盗西法之虚声，沿中土之实弊"，只谈"增新"，而未一言"变旧"。他们强烈要求清王朝"废科举、兴学堂"，构成了当时变法运动中的重要一环，由此也奠定了近代中国大学教育的基础。在维新运动之前，虽有洋务派创办的一系列具有近代高等教育性质的专科学校，但由于他们过于急功近利，缺乏整体规划，造成这些零星设立、杂乱无章的学校彼此间互不相关，各自为政，甚至连起码的学制系统都没有。加之科举制度的存在和阻碍，使这些新式学堂很难发挥出预期的效果和功能，经受不住时代的考验和冲击。此后设立的一些学校，便渐渐注重学制方面的建设，逐步由个别学校的设置进步到整体学校制度与行政体制的建立。

在这些方面，建树最早的当推天津北洋西学学堂（即北洋大学堂）。该学堂分头等、二等两级，学制均为四年。头等学堂相当于今天的大学，二等学堂类似于现在的高中。二等学堂的学生，毕业后可以升入头等学堂深造，已不再是从前的一级制。

其次，是盛宣怀于 1896 年在上海创办的南洋公学（即上海交通大学前身）。该校分上、中、外、师范四院。师范院近似现在的中等师范学校，外院是师范院的附属小学，中院相当于现在的中学，上院属于大学性质。其中上、中、外三院颇具高等、中等、初等教育三级学制的意味，但仍局限于一校的范围。

至于著名的京师大学堂，这一时期还只是处于建议和筹备阶段。1896 年 6 月，刑部左侍郎李端棻在给清政府的《请推广学校折》中，第一次正式提议设立"京师大学堂"。据说这一奏折是出于梁启超的手笔，当时流传甚广。直到 1898 年光绪皇帝下《明定国是诏》，宣布维新变法后，才正式批准设立京师大学堂。

　　尽管短命的百日维新很快就流产了，各种新政措施大都被取缔，但唯有京师大学堂"以萌芽早，得不废"，不过教学方针和教学内容却发生了很大变化，学堂规模也较原计划大为缩小，除附设中小学外，仅设仕学院，让举人、进士出身的京曹入院学习。1898年12月，京师大学堂正式开学时，学生不及百人，第二年学生虽略有增加，也不到200人。课程仅设诗、书、礼、易、春秋，担任教习的大都是翰林院的官僚腐儒。他们根本不懂新学，所授课程，名为讲解古代典籍，实际不过是教一些八股文的做法，以应付科举考试。那时西太后又下令完全恢复八股取士的科举制度。大学堂的学生也只有参加科举考试通过后，取得举人、进士等头衔，才有机会获得做官的资格。因此，每届科举考试期间，大学堂的学生便纷纷请假赶考。

　　1900年夏天，八国联军进犯北京时，大学堂先遭土匪抢掠，后来又一度成为德、俄兵营。8月3日，西太后挟光绪帝逃离北京前下令停办大学堂。此后，"大学堂弦诵辍响者年余"。

　　综观这一时期的京师大学堂，"一切因陋就简，外人往观者轻之等于蒙养学堂"。其实质不过是一所旧式封建书院。

　　1901年9月，清政府与八国签订了丧权辱国的《辛丑条约》，以国家的主权和人民的财富暂时换取了安定的统治局面。为了维护摇摇欲坠的腐朽统治，缓和国内的不满情绪，清政府宣布实行"新政"。旧教育

13

已为强弩之末，所以教育制度的改革成为"新政"的重要内容之一。清政府认识到"兴学育才实为当今急务"，宣布逐步废除八股取士的科举制度。为了培养出既有科学知识，又能忠于封建王朝统治的知识分子，1902 年，清政府正式下令恢复京师大学堂，并改各省城书院为高等学堂或大学堂（其程度相当于京师大学堂预备科）。任命吏部尚书张百熙为管学大臣，负责筹办一切事宜。

张百熙受命后很想有一番作为，把京师大学堂办好。他脚踏实地，一切从头做起。当时的京师大学堂"讲舍共计不足百间"，"学生从未足额"。因此，他建议暂不设大学本科，而先办大学预备科和速成科，为开办本科作准备。预备科分为两科："一曰政科，二曰艺科。以经、史、政治、法律、通商、理财等事隶政科；以声、光、电、化、农、工、医、算等事隶艺科。"预备科学生三年毕业，考试及格者入大学本科。这是京师大学堂文理两科的雏形。速成科分为三馆："一曰化学馆，二曰师范馆。凡京官五品以下，八品以上，以及外官候选，暨因事留京者，道员以下，教职以上，皆准应考入仕学馆。举、贡、生、监等，皆准应考入师范馆。"清政府还将同文馆并入京师大学堂，改为译学馆，分设英、俄、法、德、日五国语言文字专科。这时的京师大学堂实行的是两科三馆制。

1902 年 8 月，张百熙主持拟定了一套学堂章程，报清政府批准颁行。因这一年是中国农历"壬寅"年，时称"壬寅学制"。它是中国第一次以政府名义颁布规定的完整学制。其中关于高等教育共分大学预备科、大学专门分科、大学院三级。最高级是"大学院"，相当于现在的研究生院，招收大学毕业生，"不主讲授，不立课程，也不限定年制"。

第二级是"大学专门分科"，即大学本科。分科大致相当于后来的学院，科下又分目，大致相当于后来的系。这是我国大学分科分系制度的起源。分科大学招收高等学堂及大学预备科的毕业生，学制三至四年，毕业后授予进士出身，可升入大学院深造。

第三级是大学预备科和高等学堂，招收各地中学堂的毕业生，学制三年，毕业后给予举人出身，可升入大学分科。

大学院、大学专门分科和大学预备科三级总称为"大学堂"，以在京师设立为原则（即同年恢复的京师大学堂）。高等学堂学力等同于大学预备科，以各省区自行设立为原则。

1903 年，张之洞、荣庆、张百熙奉命重订学堂章程，颁布了"癸卯学制"。这个学制和"壬寅学制"的不同点主要在于：其一，大学院名称改为通儒院，研究年限规定为 5 年，"以能发明新理、著有成书、能制造新器、足资利用为毕业"。其二，大学分科除原有 7 科外，增设经学科，下设周易、尚书、春秋、左传等 11 目，突出了经学的地位。

无论是"壬寅学制"还是"癸卯学制"，其实质均是近代中国由封建社会向半殖民地半封建社会转化中的产物。它虽然是从近代欧美学制移植而来，但仍

然保有大量的封建成分，办学的主要目的仍是培养
"通才"，即行政官吏。学校奖励毕业生出身"与科举
无异"，并规定相应的授官品级。如高小毕业生为廪
生；中等学校毕业生为贡生，可任州判、府经等职；
高等学堂毕业生为举人，可授内阁中书、各部司务、
知州、知县等官职；分科大学毕业生为进士，可授编
修等职。可惜的是直到清朝灭亡时，京师大学堂也没
有培养出一名大学本科毕业生。这个学制的基本精神
仍是"中学为体，西学为用"，它同近代资本主义国家
的学制形似而神非。虽然它在使传统旧教育向近代新
教育转化上，起了重要作用，但仍不能适应近代中国
社会的发展。

1902 年 10 月，经过积极筹备，京师大学堂速成科
正式举行招生考试。考场规定："坐位排定，不得任意
挪移，亦不得互相谈话，传递纸笔"，"犯者即时拉
出"。考生成绩评定首次采取百分制。"评定分数以百
分为满格，通各科平均计算，每科得六十分者为及格，
不及六十分者为不及格"。这或许是中国高等学校规定
以 60 分为及格分来计算学业考试成绩的开始。考试结
果，仕学馆和师范馆先后共录取学生 192 名。12 月 17
日京师大学堂举行了入学典礼，宣布正式开学。民国
时期，北京大学即以此日作为校庆日。1904 年，大学
堂又招收了预备科第一届学生。

京师大学堂招收的第一批速成科学生，到 1907 年
期满毕业。大学堂为此举行了隆重的毕业典礼。先由
总监督率领全体师生分别向"万岁牌"和"圣人位"

行三跪九叩礼，最后由监督发给学生毕业证书。毕业证书上还印有西太后的"整理学风上谕"。这是京师大学堂培养的第一批速成科毕业生。从毕业典礼中，我们不难看出，此时的京师大学堂仍遗留有大量封建的礼仪文化，同近代西方大学教育的目标还有较大距离。

1909年，第一批预备科学生132名和师范馆学生206名毕业。师范馆在这班学生毕业后，即改为优级师范学堂，脱离京师大学堂而独立，后来发展为北京师范大学。预备科学生毕业后，京师大学堂即筹办分科大学。1910年3月，分科大学正式开学，除医科未开办外，其他7科均正式开办。但每科分门比原计划大为减少，共计7科13门，学生400余人。这期分科大学学生入学后仅一年多，就爆发了辛亥革命。他们是在民国初年，京师大学堂改为北京大学后才毕业的。严格地说，整个京师大学堂在清末没有培养出一名正规的大学本科毕业生。它实质上仍处于封建太学向近代大学转变和过渡的阶段。

在清末建立的具有近代高等教育性质的大学，当时还有一所山西大学堂。它是利用山西教案赔款的50万两白银创办的。

1900年所谓山西"教案赔款"结束，英帝国主义者勒索了山西人民白银50万两。当时负责接受赔款的英国人李提摩太曾在中国传教20余年，是著名的中国通。他认为山西教案之发生，不能把过错都加诸山西人之上，英国人也难辞其责。山西人文化落后，风气闭塞，而英国没有进行诱导和帮助。因此，他向李鸿章提议：这笔赔款不用来抚恤死难教士，而用来在太原创办一所近代中西大学堂，选拔全省优秀学子入学，学习近代学问。李鸿章当即表示赞同，让他全权主持所拟办的中西大学堂，并电告山西巡抚岑春煊遵办。

当时山西顽固保守分子得知李提摩太即将赴晋办学的消息后，遂于1902年3月将原山西最高学府令德堂（旧式书院）改为山西大学堂，借以抵制李氏所创办的中西大学堂。李提摩太抵达太原后，发现晋省已办起山西大学堂，乃建议岑春煊将该学堂和他筹办的中西大学堂合并办理。李氏当时在给友人的一封信中曾讲述了他筹办的大致经过：

> 我们第一次见岑巡抚时，就表示了反对开办两所大学堂的意见，因为这样办，既浪费大量经费，又将使中外不和，而终止中外不和，正是我们创办中西大学堂想要达到的目的。为什么不把两者归并为一所山西大学堂，一部专教中学，一部专教西学呢？对于这个建议，思想开明的沈道台立即表示了同意，并建议一部称为中学专斋，另一部称为西学专斋……
>
> 岑巡抚最后表示同意。由于新校舍尚未修建，岑巡抚非常客气，特将皇华馆学台衙门拨给我们占用。这是20年前张之洞抚晋时修建的衙门，对我们办学来说，是太原城内最好的建筑物。1902年6月26日，斋舍改修工程完毕，西斋正式开

学。岑巡抚与省城重要官员出席了开学典礼。注册学生 98 名。

山西大学堂正式开办后，李提摩太又在上海创立了一所山西大学堂译书院，来解决西斋教科书问题。译书院之所以设在上海，而不设在校内，主要是因为太原没有近代印刷所的缘故。李氏从每年 5 万两教学经费中拨出 1 万两作为译书院经费。该院成立后翻译出版了大批近代大学教科书，不但满足了西斋的要求，而且为当时各省陆续创办的大中学校解决了部分教材供应问题。

西学专斋课程分两个阶段讲授：第一阶段三年，是预科，学习内容相当于现在的高中，学习一般近代学科。第二阶段四年，是专科，相当于现在的四年制大学本科。预科毕业后才有资格升入专科。专科分法律、物理、化学、采矿、土木工程等专业。西斋开办之初，没有中文教科书，由外国教授用英语讲授，中国人翻译，学生笔记，下课后互相对证。每星期上课 36 小时，星期日休息。课程以英语、数学为主，没有国文，同时还聘请英国军官开设体操、足球等课，完全将英国的教学内容整套移来。学生因见所未见，闻所未闻，特别是物理、化学实验课，老师讲过的知识，立刻通过实验兑现，引起了学生的极大兴趣。

中斋开办之初，一切仿效令德堂的旧制，讲授的多是史论、经义等内容。所以学生中有的钻研十三经，有的阅读四史，有的好看诸子百家或唐宋八大家的著作，喜好算学的人，则是凤毛麟角。学生上课也不分班，只占用一间能容纳 200 人的大讲堂。上课时，学生则身穿布大褂从前门由书记唱名鱼贯而入，分坐东西两侧。老师则顶戴花翎（清朝的官服）由后门而入，端坐中央。有的教师上课时还要抽旱烟袋，便带一名差役，专为他执掌烟袋，立在后门边上，静候主人用眼指挥。主人只要用眼看一下，不用开口，差役便马上将烟袋送到嘴边。当时中斋的学生也相当自负，自以为来自书院，又有名流任教员，高人一等。社会上看法也是如此，对学生均尊称"老爷"。学生到了县府，知县还要出来迎接，社会地位比当时的举人还高。中斋初期处在这种十足的封建旧式教育的环境内，因此，对西斋学生的衣冠不整、师生无别、操场蹦跳、语言无忌，深表不满，经常指责西斋学生"数典忘祖"，"舍己之田而耕人之田"，将来不免为后人所唾骂。

此后，随着"癸卯学制"的颁布，山西地方当局对中斋课程设置大加改革，依照西斋办法，增添了英文、物理、化学、地理等课程。但因中斋学生没有学过近代科学的基础课，毕业后只能升入预科学习，而西斋预科毕业生可直接升入大学分科深造。

1910 年秋，李提摩太从英国返晋，当时山西巡抚丁宝铨在大学堂礼堂为他召开了盛大的欢迎会，热情赞扬李氏所创办的西斋学堂对山西作出的巨大贡献。李氏感激之余决定辞去西斋总理之职。他在回忆录中写道："由于我深信近代教育已在全省深深扎根，我便向出席的官绅学子表示，我丝毫无意将西斋管理权保留到 1911 年合同期满的时候。因此，我现在就决定将西斋管理权提前交还山西当局。"从此，山西大学堂成为中国独自管理的大学。

到清王朝灭亡时止，在中国创办的近代大学仅有四所。京师大学堂虽创始于 1898 年，但分科大学直到 1910 年才正式招生，在辛亥革命以前只有预科毕业生 128 人，尚无本科毕业生；北洋大学堂到清亡时，仅有法科毕业生 9 名，工科毕业生 35 名；上海南洋公学上院（即本科大学）因学生来源不足，开办条件不具备，只好一缓再缓，直到 1909 年才初具规模，至清朝灭亡也没有本科毕业生；山西大学堂则有法科毕业生 16 名，工科毕业生 19 名，理科毕业生 9 名。

二 近代大学教育的兴起

 民国初年大学学制的改革

1912 年 1 月 1 日，中华民国成立，著名教育家蔡元培出任教育总长。民国建立后，结束了清末教育上的改良方针，开始逐步确立起比较完整的新式教育体制。

9 月，教育部颁布了新的学制系统，即"壬子学制"；10 月，公布了《大学令》、《专门学校令》；次年1 月，又公布《大学规程》。民国初年进行的这一系列学制改革与清末的"癸卯学制"主要有以下几点不同：

（1）大学取消"经科"的独尊地位，其他七科不变。大学以文理科为主，能称大学者，必须具备下列条件之一：①文理两科并设；②文科兼法商二科；③理科兼医农工任意一科。

（2）鉴于清末各省设立的高等学堂教学程度不齐，毕业生进大学深造有困难，故取消各省高等学堂，改设为大学预科，附设于各大学。预科学制三年，本科学制三或四年。

（3）改通儒院为大学院，分设各种研究机构，成为名副其实的高等研究机关，不规定修业期限。

（4）特设具有高等教育性质，可同大学平行而程度略低的专门学校，分为法政、医学、药学、农业、工业、商业、美术、音乐、商船、外国语十种专门学校，除规定医学、商船修业年限为预科一年、本科四年外，其他学校修业年限为预科一年、本科三年。

（5）取消大学毕业以"科第"奖励的办法。

（6）大学允许私立，无论国立、私立，均由教育部管辖（教会大学除外）。

"壬子学制"是近代中国推翻封建王朝后，颁布的第一个正式学制。除上述改革外，它对大学行政方面也大加更动。从前，大学堂设大学总监督、分科大学监督、教务提调、正教员、副教员等人员。到了民国时代，大学规定设校长一人，各科设学长一人（学长类似于现在大学附设的学院院长，陈独秀即曾担任过北京大学文科学长）；教员分教授、助教授、讲师三级（1917年教育部修正《大学令》时，将教员分为正教授、教授、助教授、讲师四级）。对于校内的行政事宜，组织全校的评议会及各科的教授会分别处理，改过去封建官吏治校为"教授治校"。同时，它还宣布取消清末的贵族教育，在形式上实现了教育平等。可以说这个学制是近代资产阶级新式教育反对封建旧式教育的一次重大胜利。

由于清末留日学生在留学总数中占有绝对优势，他们对中华民国的建立贡献巨大，因而新学制的制定受日本教育影响较多，保留了许多封建色彩，如设校有男女区别，对女生强调贞淑教育等。民国以后，留学欧美的毕业生日益增多，欧美教育制度逐步传入中国，影响越来越大，深受当时国内教育界推崇。到了1919、1920年，东南大学与北京大学分别仿照美国大学，将学年制改为选科制，同时开女禁。于是大学学制又发生变化。

1922年9月，教育部在济南召开全国学制会议，修改了"壬子学制"，并于11月1日以中华民国大总统名义公布施行。一般人们习惯地称它为"壬戌学制"。

新学制仿照美国学制，规定中小学学业年限为"六、三、三"制，小学六年（其中初小四年，高小二年），初中三年，高中三年。由于将中学由四年改为六年，教学质量得以提高，于是决定取消大学预科，适当延长大学本科，大学修业年限为四到六年。大学招生资格为高中毕业或有同等学力者；入学后至少须学习两门外语；大学毕业后方有资格入大学院深造。同时取消高等专门学校预科，入学资格与大学相同；修业年限为三至四年。

1922年颁布的"新学制"，在近代中国教育史上有着划时代的意义。它继承并发展了辛亥革命以后教育改革的成果，特别是总结了五四新文化运动在教育改革方面的要求与经验。如缩短小学年限，单独设立三年制初中，取消大学预科，中学按三三分段，大学采用学分制与选科制，设课无男女区别，男女平等教育权在形式上基本确立，职业教育单成系统，提高师范教育水平等。"壬戌学制"的颁布，基本统一了全国的教学秩序和教学内容，该制一直沿用至1949年，基本没有大的变化。

纵观近代中国大学学制的演变过程，主要有以下几种变革：

第一，大学预科年限逐渐缩短直至取消。清末大学堂预科修业年限为三年，到1912年制定《大学令》时，仍规定预科为三年，至1917年颁布《修正大学令》时，预科改为两年。而1922年新颁布的"壬戌学制"则取消预科。近代大学在早期设置预科主要是由于中等教育的发展落后于高等教育，中学毕业生程度太低，而且各地教学水平参差不齐。因此，各大学不得不分设预科，进行补习。随着民国以来初、中等教育的发展，中学教育程度的提高，同时严定大学入学标准，为了提高教育效率，于是取消了大学预科的设置。

第二，放宽大学专业设置的限制。清末及民国初年大学分科设置相当繁琐。学生一入校在预科中即确定了今后的学业方向，不利于学生个性的发展。新学制规定设单科的学校，也可以称为某科大学，并仿照美国大学采取学系和选科制。各大学可以根据本校师资状况和当地社会需要自由增减专业。学生在选择专业方面也有较大的余地。

第三，提高高等专门学校和高级师范学校的教学水平。清末高等学堂和优级师范学堂教学程度和大学预科相同。民国初年的专门学校程度较大学低一年，高等师范较大学低两年。而"壬戌学制"则规定，专门学校和高等师范学校入学资格同大学一样。专门学校修业四年的毕业生可享受大学四年制本科毕业生待遇；高等师范毕业生可以同等学力入大学研究院深造。这一规定，实际意味着专门学校和高等师范学校基本上同大学的地位相当，彼此的差距逐渐消失。

 公立大学的普及

教育部直属国立高等院校 民国成立以后，北京政府教育部废除了各地设立的高等学堂，准备分别在北京、南京、武汉、广州设立四所教育部直属国立大学。但因民国初年政局动荡，战乱不止，除国立北京大学继承了清末的京师大学堂以外，其他大学都没能成立。

那时的北京大学，校风还很腐败。学生们所需要的是一种将来做官的资格。他们认为，在政界混，主要的不是靠真才实学，而是靠拉拢应酬，当学生时就要在这方面学习。他们看戏、吃馆子、逛窑子。当时的"八大胡同"（妓女所聚的地方）有"两院一堂"之说。"两院"指当时国会的参议院和众议院，"一堂"指北京大学（当时称为大学堂）。"两院一堂"就是说，去逛八大胡同的，以国会议员和大学生为最多。这些大学生当然谈不上什么学术；即使是读书的那部分学生，多数也认为读书是求利禄的一个途径。据后来出任北京大学校长的蔡元培回忆："北京大学的学生，是从京师大学堂'老爷'式学生嬗继下来（初办时所收学生，都是京官，所以学生都被称为老爷，而监督及教员都被称为中堂或大人）。他们的目的，不但在毕业，而尤注重在毕业以后的出路。所以专门研究学术的教员，他们不见得欢迎；要是点名时认真一点，考试时严格一点，他们就借个话头反对他，虽罢课也在所不惜。若是一位在政府有地位的人来兼课，虽时时请假，他们还是欢迎得很；因为毕业后可以有阔老师做靠山。这种科举时代遗留下来的劣根性，是于求学上很有妨碍的。"

1916 年 12 月，北京政府教育部正式任命蔡元培为北京大学校长。蔡元培出任北大校长，在近代中国的大学教育史上，确实值得大书特书。

蔡元培上任后，即参照近代西方大学模式，根据自己一整套教育思想，对北京大学进行了一系列改革。为了打破科举时代的旧观念，端正学校的办学宗旨，他在就职典礼的演讲中，即明确指出："大学者，研究高深学问者也。""大学学生，当以研究学术为天职，不当以大学为升官发财之阶梯"。因此，学生必须"抱定宗旨，为求学而来。入法科者，非为做官；入商科者，非为致富。宗旨既定，自趋正轨"。

在办学方针上，蔡元培主张实行"思想自由，兼容并包"。在他看来，大学应是"囊括大典，网罗众学之学府"。为此，他不拘一格地延揽人才，先后延聘了一批在当时新文化运动中涌现出来的学者来校任教，其中影响最大的就是聘请了当时积极宣传新文化，具有革新思想的陈独秀为文科学长，借此消除顽固守旧势力的影响。同时，他又不盲目地取消一切旧制。他认为："学术上的派别，是相对的，不是绝对的；所以每一种学科的教员，即使主张不同，若都是'言之成理，持之有故'的，就让他们并存，令学生有自由选择的余地。"因此，在当时北京大学的讲坛上文学方面有文言派的黄侃、刘师培、陈介石等，有改良派的朱希祖，白话派的胡适、陈独秀、刘半农、鲁迅、周作人等；史学方面有信古派的陈汉章，有疑古派的钱玄同、沈尹默等；在思想哲学方面，既有提倡新文化运动的主将陈独秀、李大钊、胡适等人，也容纳了一直拖着长辫子，坚持保皇复辟，但又精通英、德等文的辜鸿铭和虽参与袁世凯复辟但旧学根底极扎实的刘师培等人同时开课；理科方面，请来了知名教授李四光、翁文灏、丁文江、秦汾、任鸿隽等人；法科教员有马寅初、王宠惠、陶孟和、张耀曾等人。这批国内学术界的精英，在五四时期的北京大学讲坛上，各展所长，开设了许多有独特创见的高质量课程，很受学生欢迎。

当时的北京大学师生称蔡元培的办学思想是"古今中外派"。但蔡氏的"兼容并包"并不是无所选择，更不是主张无原则地混合杂凑，而是提倡通过不同学派的比较和竞争，让人们作出合理的选择。对于那些不称职的教师，蔡元培则大刀阔斧地予以裁减，其中包括一些或托中国驻外使馆，或由外国驻华使馆介绍进来而确属滥竽充数的外国教员。曾有一名被裁撤的法国教员为此提出控告，蔡元培则委托王宠惠出庭，指出解聘理由"都按合同上的条件办的"，使对方败诉。另一名被裁撤的英国教员甚至请出英国驻华公使朱尔典来进行无理干涉，蔡元培根本不予理会。朱尔典竟威吓说："蔡元培是不要再做校长的了。"蔡听后，仅是一笑置之。

经过一番整顿、充实，北京大学教师队伍的面貌焕然一新。据1918年的统计，全校教授平均年龄只有30多岁。他们中的许多人，原来并不认识蔡元培，而是蔡从他们发表的学术论著中发现有真才实学后，聘请来的。这支队伍年轻有为，多数思想倾向革新，他们给北京大学带来了朝气。当时年仅24岁的梁漱溟发表了一篇有关印度佛家理论的长文，蔡元培看到后，即聘请梁到北京大学讲授印度哲学史。

为了改变旧式学堂中的腐朽思想，培养个人高尚道德，蔡元培发起组织了进德会，规定甲种会员以不嫖、不赌、不纳妾为基本条件；加上不做官吏，不当议员二戒为乙种会员；再加不饮酒、不食肉、不吸烟三戒为丙种会员（以后改为不分等，以前三戒为条件，后五戒随意自择）。这个组织在校内颇有影响，1918年6月进德会开成立大会时，学生中有300余人，行政人员和教授中的大半入了会。后来会员还不断增加。蔡元培当时是乙种会员，李大钊是甲种会员。学生中张申府、张国焘、许德珩、朱自清、罗家伦、傅斯年等人也都入了会。这个组织的出现，反映了当时中国知识分子对旧社会上层道德堕落、生活腐朽的不满，对北京大学师生个人道德的提高、校风的改变都产生过积极的影响。

蔡元培还主张"以美育代宗教"。为了培养学生对美育的兴趣，他聘请了当时的名画家陈师曾来校讲授中国传统山水画；聘请年仅23岁的徐悲鸿为"画法研究社"的导师；还聘请著名音乐家萧友梅为音乐研究会的指导，在中国首次演奏了贝多芬交响曲等西洋乐曲，以丰富学生的精神世界。

蔡元培在北京大学的改革，取得了很大的成功。1918年8月，北京大学红楼落成，学校规模有了进一步的发展。据统计，这时全校教员总数达217人，其中教授90人；学生总数达1980人，其中研究生148人。北京大学在五四运动前后，已逐步完成了向近代大学的转变，成为全国规模最大的高等学府，为民国时期的大学教育树立了崭新的楷模。

然而在1922年新学制颁布以前，中国的高等教育还是以专门学校和高等师范教育为多，近代大学较少。据1917年全国高等教育统计：当时共有高等院校80所，其中高等师范和专门学校72所，在校生15506人，毕业生5327人；而分科大学仅8所，在校生3511人（其中预科生2163人，占总数61.6%），毕业生898人（其中预科毕业生554人，占总数61.7%）。专门学校主要是由清末创办的高等实业学堂和法政学堂演变发展而来。民国初年教育部部属专门学校共有6所，在北京设有法政、工业、医学、农业、美术5所专门学校和武昌商业专门学校。

高等师范学校的前身是清末在各省设立的优级师范学堂。1912年，教育部规定高等师范学堂改为国立，分别在北京、武昌、沈阳、南京、广东、成都设立6所高等师范学校。1920年，又将北京女子师范学校提升为女子高等师范学校。

师范教育之所以在此时受到重视，主要是由于在近代中国教育改革中，高等教育起步最早，普通教育则相对落后。由于普通教育的滞后，直接影响高等教育的生源质量。而要提高普通教育教学水平，则首先需要培养大批合格的中等师资队伍。因此，高等师范教育得以较快发展。

五四运动以后，教育界经过五四运动的洗礼，呈现出一片活跃的新气象。全国教育联合会历次会议都在酝酿"改高师为大学"。1921年，在原国立南京高等师范学校的基础上，创建了国立东南大学（即南京大学的前身）。南京高等师范学校自1921年起不再招生，待在校生全部毕业后即并入东南大学。1923年7月，北京高师正式更名为国立北京师范大学，它是中国教育史上出现的第一所师范大学。同年9月，武昌高师更名为武昌师范大学。一年后，按教育部令，武昌师范大学改名为国立武昌大学，它为后来的武汉大学奠定了坚实的基础。1927年，成都高师改名为国立成都师范大学。

1917年，黄炎培赴南洋考察华侨教育回国后，曾建议北京政府恢复为培养华侨子女于1907年在南京开设的暨南学堂。1918年3月，北京政府教育部在南京正式恢复该校,更名为国立暨南学校。1921年,暨南学校与东南大学在上海合办了当时中国第一所商科大学——国立上海商科大学。1923年,暨南学校决定退出上海商科大学,将校址迁往上海自办商科大学。9月,学校正式开学,定名为国立暨南商科大学。它是我国教育史上第一所国家创办的华侨大学。

其他部局设立的国立高等院校　民国初年,除北京政府教育部直属的国立院校外,尚有政府其他部局设立的高等院校,对近代中国大学教育影响颇为深远。其中最具盛名的当属交通部所辖交通大学和外交部所辖清华学校。

交通部所辖高等教育院校最初共有四所,分设三地,即北京邮电学校、铁路管理学校、唐山工业学校、上海工业专门学校。其中唐山、上海两校创办于清末。尤其是上海工业专门学校,原是盛宣怀创办于1896年的南洋公学,其教学质量在社会上享有很高的声誉,20余年来培养了大批专门人才。如起兵反对袁世凯的护国军首领蔡锷,在近代民主革命中起过积极作用的邵力子、黄炎培等人都是南洋公学的学生。1920年,交通部以"交通要政,亟需专材"为由,提议将四校合并,组成交通大学,经北京政府国务会议通过,任命交通部长叶恭绰兼任交通大学校长,从国家铁路收入中拨出90万元开办经费。交通大学设总办事处于北京。三地校名分别改为交通大学北京学校、交通大学唐山学校、交通大学上海学校。

交通大学合组前,各校高质量的教学水平,在当时社会闻名一时。南洋公学上院（相当于大学本科）初创时，完全仿照美国大学设置。交通大学的入学考试相当难，以 1925 年招考的新生为例，录取率仅占报考人数的 18%。学校不仅在招考新生时严把质量关，而且对在校学生的质量也非常重视，中途淘汰率很高。据交通大学第一任校长叶恭绰回忆："各级学生每年降级及不及格者为数至夥，其首尾两级人数之差，往往达三四倍之巨。"因此，在当时工科院校中，交通大学和北洋工学院的毕业生质量堪称一流。按当时北京政府交通部的规定，交通大学毕业生均由交通部统一分配到部辖的铁路、电信有关单位实习，每月还发给 50 元津贴费。实习期满，大都被实习单位录用。当时的铁路、电信部门待遇相当高，工作又稳定，等于拿到了"铁饭碗"，是众多毕业生梦寐以求的单位。

北京政府外交部设立的高等院校有两所，一所是俄文专修馆，一所是清华学校。

清华学校最初叫清华学堂，是用美国退还的庚子赔款于 1911 年 4 月设立的。1900 年（农历庚子年），美国因参加八国联军侵略中国，迫使清政府签订了《辛丑条约》，从而获取赔款白银 3200 多万两（合美金 2400 多万元）。美国分得赔款后，减去它自称的"实应赔偿"部分（包括美国出兵中国的军费赔偿和在华商人、传教士的所谓损失赔偿），尚多出 1100 余万美元。美国国务卿海约翰认为美国向中国索取的赔款"实属过多"，于 1904 年首次提出拟将一部分"额外"的赔款"退还"中国，并表示这笔退款须用做派遣中国学生留学美国之用。1908年，美国国会正式通过退还"美国应得赔款之余额"给中国的议案。

1909年，清政府在北京设立游美学务处，利用庚子赔款招考留美学生。后来曾长期担任清华大学校长的梅贻琦即被第一批录取，于同年赴美留学。1910年，录取的第二批留美学生中有胡适、竺可桢、赵元任等70人。由于这二批学生程度不齐，有些人能直接升入美国大学，有的则须先入美国高中补习。为此，清政府于1911年在皇室赐园——清华园设立清华学堂，作为留美预备学堂，以便培养合格的毕业生送美留学。

清华学堂，由于教学目的在于为留美作预备，所以它的学制设置完全是为了使学生毕业出洋后，能适应美国的大学。清华学制定为八年，分高等、中等两科，各为四年制，高等科分科教学，参照美国大学办理。民国成立后，北京政府外交部接管了清华学堂，并改名为清华学校，学制不变。当时高等科三、四年级的教学水平已达到大学一、二年级的程度，或相当于美国的初级大学（junior college）。这一点，美国各大学都予承认，所以清华学生毕业后到美国，一般都能插入美国大学三年级。念完美国大学本科后，再进入大学研究院深造，获硕士、博士学位后回国。

1922年4月，世界基督教学生同盟在清华学校举行第11届大会，由此引发了一场全国范围的"非基督教运动"，矛头直指在华教会大学，强烈要求收回教育主权。清华作为留美预备学校，却仍处在依附美国的状况，因而成为当时社会舆论抨击的对象。人们普遍认为，国内高等教育已渐发达，培养大学本科生"无须求诸外国"，派青年学生出国，"不谙国情，且易丧失国性"，等等，纷纷要求清华自办大学，并在全国大学毕业生中公开考选留美学生。社会舆论的指责，促进了清华学校的改革。

1924 年 10 月，清华学校成立了"大学筹备委员会"，聘请范源濂、胡适、张伯苓、张福运、丁文江五人为大学筹备顾问。翌年 5 月，经北京政府外交部批准，大学部正式成立，开始招生。当时大学部仅设普通科，不分系，学习年限为两年或三年，学习期满后由学校发给修业证书。由于普通科培养目标不明确，同国内一般大学不相衔接。因此，不少学生入学后又纷纷退学。学校被迫于 1926 年将大学部改成四年制的正规大学，设立了 17 个系，规定："大学部本科修业期至少四年，学生毕业后给予学士学位。"自此，开始形成清华大学的初步基础。

清华学校大学部初办时，在社会上影响不大，而与大学部同时创办的国学研究院却曾轰动一时。

清华创办国学研究院的主要目的，是研究"中国固有文化"，使中国文化与西方文化相沟通。当时胡适在北京大学设立的研究所增设国学科目。胡适担任清华学校大学筹备顾问后，想利用清华的庚子赔款为"整理国故"另设一个据点。因此，他极力向清华学校师生宣传"中国办大学，国学是最主要的"，应首先办好国学一门。为此他四处奔走，推举教员，国学研究院的一位主要教师王国维就是他推荐的。研究院的另一位主要教师梁启超当时正准备和他人在天津筹设"文化学院",与"崇拜列宁偶像的团体相对立"。这时清华正急于聘请"国学"教授,双方一拍即合。此外,又聘请了刚从国外归来的陈寅恪、赵元任等人。王、梁、陈、赵四人均是学贯古今的国学大师,因此,校方将四人职称定为"导师",以示学术地位高于普通大学的"教授"。

国学研究院是一所独立的研究机构,类似于现在的大学研究生院,主要培养"以著述为毕生事业"的国学研究人才。学科范围包括中国历史、哲学、文学、语言、文字学等,以及西方学者研究中国文化之成绩。招生对象是大学毕业生和"经史小学有根底"的学生,学制模仿英国大学制度,采用"导师制",学生可自己选定一位导师,"专从请业",研究期限一般为一年,经导师批准,可延长一到两年。

国学研究院在培养"国学"人才方面,确实取得了一定的成绩,毕业生大都有一定的学术水平,如著名古汉语专家王力即毕业于国学研究院。1927 年王国维去世、梁启超离校后,国学院失去了两大"台柱",许多课程无法开设。此后两年仅录取新生三人。1929年,国学院被迫撤销,教师分别转入历史系和中文系。

1928 年,南京国民政府控制北京后,正式改清华学校为国立清华大学,并划归教育部管辖,与其他大学居于同等地位。

北京政府各部局所辖的高等院校还有河海工程专门学校(它是 1952 年创办的华东水利学院的前身,

1985 年恢复河海大学校名）。该校是由中国近代著名实业家、教育家张謇出任北京政府实业总长兼全国水利局总裁期间，于 1915 年 3 月在南京亲自创办的。"河海"隶属于全国水利局，专门培养水利人才。学校经费由直隶、山东、江苏、浙江四省分摊。中国共产党早期领袖张闻天、沈泽民（茅盾的胞弟）均是该校早期肄业生。1924 年夏，东南大学工科并入该校后更名为河海工科大学，仍隶属于全国水利局，由著名桥梁专家茅以升出任校长。1927 年南京国民政府成立后，该校并入中央大学土木系。

省立高等院校　民国成立后，在中央政府设教育部，各省分设教育厅。按照 1912 年颁布的"壬子学制"，各省分别取消了在清末建立的高等学堂，如浙江著名的求是书院，按照清末"壬寅学制"易名为浙江求是大学堂，1903 年改称浙江高等学堂，民国建立后则停止招生。各省高等学堂停办后，根据新学制将原有学堂陆续改造或创办新的高等专门学堂。到了 1922 年，根据新颁布的"壬戌学制"，专门学校地位逐步提高，许多省立专门学堂纷纷升格为大学。

1912 年山东大学堂裁撤以后，其教职员工分别转入了相继成立的工业、农业、矿业、商业、法政、医学六个专门学校。1926 年奉系军阀张宗昌督鲁时，于同年 6 月将上述六校合并，成立省立山东大学。8 月 5 日，省立山东大学正式开学，由山东省教育厅长王寿彭出任校长。1929 年山东大学接收了原私立青岛大学，1932 年正式更名为国立山东大学。

由岳麓书院改建的湖南高等学堂于 1912 年停办后，湖南省地方政府于 1913 年分别将清末创办的湖南省垣实业学堂（1903）、湖南法政学堂（1906）扩建为湖南省立工业专门学校、省立法政专门学校，并创办了湖南商业专科学校。1917 年，湖南教育界倡议筹办湖南大学，经省政府同意，设立了湖南大学筹备处。1926 年 2 月，省政府将上述三校合并，正式成立省立湖南大学，设校址于原岳麓书院旧址。1937 年 7 月改为国立。

在广东除原有的国立广东高等师范学校外，广东地方当局还兴建改建了一些省立高等院校。如将 1905 年创建的广东法政学堂改建为广东省立法政专门学校（1912），分设法律、政治经济两科，学制四年，1923 年 8 月改称广东省立法科大学；1915 年冬，广东教育当局把 1909 年美国人达保罗与广州名医 40 余人捐资创办的广东公医学校扩建为广东省立医科专门学校，1924 年改称广东省立医科大学；1917 年 8 月，又将清末设立的农业讲习所、林业讲习所改建为省立农业专门学校。

1923 年，孙中山赶跑了军阀陈炯明，重返广州，建立了大元帅府。他在创办黄埔军校的同时，颁布大元帅令，任命国立广东高等师范学校校长邹鲁筹办国立广东大学。邹鲁奉此向广东各机关挪借开办经费，他分别将广东高等师范学校改建为广东大学文、理两学院，将省立法科大学改为广东大学法学院，将农业专门学校改为广东大学农学院。1924 年 9 月广东大学正式开学。第二年，广东省立医科大学又并入广东大学，改称为医学院。

广东大学成立时，孙中山亲临典礼，勉励同学们"读书不忘革命，革命不忘读书"。自学校成立后，孙中山每周六下午都亲赴学校讲演三民主义，一直到他北上参加国民会议时为止。孙中山先生逝世后，为了纪念孙中山，广东国民政府于1926年7月17日正式宣布将广东大学改名为国立中山大学。同月，广东大学奉命结束，直到1927年3月中山大学才正式开学。

近代中国东北地区，始终是日俄两国的角逐场所。奉系军阀张作霖当政后，面对南北两强深感处境危殆。张作霖虽出身绿林，是一介武夫，却颇知礼贤下士的道理，曾网罗了一些富有才识的人为己所用。其中有一个人叫谢荫苍，很有才学。1906年，谢氏随赵尔巽到东北，从事教育工作。张作霖兼任奉天省长时，任命他为奉天教育厅长。1922年，谢建议张作霖兴办大学。谢说：欲求东北富强，不受外人侵略，治本之策，端赖兴办大学，培养专门人才。张作霖深以为然，任命奉天省财政厅长兼代省长王永江负责筹办，定名为"东北大学"。

当时的东北，已属于日本的势力范围。日本在东北建立了几所高等院校，借此培养符合其殖民统治需要的所谓人才。日本驻奉天总领事获悉张作霖要自办大学时非常不满，公然向王永江提出"劝告"："听说你们要办大学，那可是不容易呀！又费钱，又没人。你们要读理工科，我们已有'旅顺工科'；你们想学医,我们早有'南满医科大学';你们愿学文法科,也可以派留学生到帝国大学去上学,大日本政府将予以优待,给以官费补助。你们何苦自不量力,自寻苦恼,而去自办大学呢?"王永江当即将此谈话报告给张作霖。张听后,十分气恼,决心对着干。他说:"他们越是反对咱老张办大学,咱们就越是非办不可。得快办,要办好,快出人才。"此后,筹建东北大学的工作日益加速。

1923年4月,东北大学正式成立,此时已升任奉天省长的王永江亲任东北大学校长。东北大学设文、法、理、工四科。

由于东北地方当局的重视,东北大学的办学经费非常充足,因此,能够不惜重金礼聘教师。教授月薪高达300现大洋。此外,还有其他优待条件,如提供单幢的教授楼,物质生活待遇极高,一时名流学者纷赴东北大学执教。以文法学院为例,曾执教于北京大学后又转赴东北大学的著名教授即有黄侃、章士钊、罗文干、梁漱溟等人。此外,东北大学还聘请了许多北洋政府时代的名流到校任教。如梁启超的私人秘书吴贯因在东北大学开设"中国文学史";担任过北洋政府内务部次长的刘复在东北大学讲授"中国政治"。最受重视的是曾任段祺瑞政府教育总长兼执政府秘书长的章士钊,月薪高达现大洋800元,开的课程有"中国政治思想史"等。

东北大学的实验仪器和机械,大多购自德国,相当先进,在当时国内的大学中并不多见。物理和化学仪器多达 2 万余件，工学院仪器也有 1 万多件，为学生实习提供了优越的条件。

1937 年 5 月，东北大学改为国立东北大学。

 3 私立大学的兴起

清末的大学，是不允许私立的（教会大学除外）。

近代中国人创办的私立大学始于民国以后。1912年中华民国临时政府教育部废除了清政府颁布的只许私人兴办中等以下学校，高等学校全归官办的规定，宣布开放办学权限，除高等师范学校一种外，允许私人开办各级各类学校。

创办于 1906 年春的中国公学是一个例外。1905年，因日本政府颁布侮辱中国留学生的《取缔清国留学生规则》，激起了中国留日学生的极大愤慨，从而爆发了声势浩大的反日风潮。大批留日学生罢课回国，以示抗议。为了使回国学生不致失学，革命党人在上海创办了中国公学。

中国公学最初仅设中学，随后附设师范、理化、英文、算学等专修课，还添设了大学。公学学员来自全国 10 多个省，人数 300 多人。中国公学是由同盟会会员创办的，其师生员工大部分为革命党人。学校在管理上，"最初的时代，纯然是一个共和的国家"，全校的组织分为执行与评议两部。执行部的职员都是评议部推举出来的，有一定任期。并且对于评议部要负责任。评议部是由班长和室长组成的，有监督和弹劾职员之权。他们都"以大公无我之心，行共和之法"。中国公学在当时不仅成为同盟会的一个重要活动据点，而且被革命党人视为"创立民国"的"试验田"。

中华民国成立后，在国家的提倡和奖励下，许多具有爱国思想的实业界与教育界人士纷纷投资兴学。特别是第一次世界大战爆发后，西方列强忙于厮杀，暂时放松了对中国的经济侵略，民族工商业得到了一定程度的发展。随着工商业的发展，社会对各类高级人才的需求也更加迫切。同时，自1915年开始的新文化运动，提倡民主、科学，扩大了资产阶级进步教育的社会影响。此后，中国涌现出了众多的私立大学。它们主要分布于京津及东南沿海一带经济、文化发达地区。

在近代中国先后创办的众多私立大学中，办学成绩卓著、对此后中国高等教育影响深远的学校，在北方，无可争议的是天津南开大学，在南方，当仁不让者为上海复旦大学。

南开大学 南开大学，是近代中国仿照欧美教育制度开办的一所著名的私立大学。它是在1904年创办的严氏学塾的基础上发展而成的。创办人严修（字范孙）是清朝翰林，做过学部侍郎，思想比较开明。校长张伯苓原是北洋水师学堂优等第一名毕业生。后来因受到甲午战争失败的强烈刺激，转而从事教育工作。张伯苓先在严修家中教塾馆，为以后办学奠定了基础。1904年，严修和张伯苓同去日本考察教育回国后，在严氏私宅创办了"敬业中学堂"。1906年更名为"南

42

开中学堂"。民国建立后，再次更名为南开学校，学生不断增加，人数多达1000余人。1918年，严、张二人再次同赴美国考察私立大学的组织与发展状况，并充分讨论了筹办大学的计划。

1919年9月25日，南开大学正式成立，共录取本科新生96人。此后学校规模不断扩大，校舍绵延达一里，在天津城南蔚然成为一片文化区。南开逐渐成为蜚声海内外的著名学府。

南开大学最初创办时，是相当艰难的。在近代中国，要想创办私立大学，最重要的就是要解决办学经费问题。为此严、张二人四处奔走，席不暇暖，游说各地，筹措资金。为了筹款，向人求见，张伯苓不知坐过多少次冷板凳，挨过人家多少次白眼。但是，张伯苓从不灰心。他说："我虽然有时向人家求见捐款，被其挡驾，有辱于脸面，但我不是乞丐，乃为兴学而作，并不觉难堪。"严、张两人先后取得了北洋政府总统徐世昌、前总统黎元洪（时任中美实业公司董事长）、交通银行董事长梁士诒、币制局总裁周自齐、山西富豪孔祥熙、山西督军阎锡山、江苏督军李纯、江西督军陈光远、湖北督军王占元、川粤湘赣四省经略使曹锟等人的赞助。严修自己也先后捐款、捐地。此后，南开还得到了一些国外机构和个人的资助。例如1923年，南开就曾得到美国洛克菲勒基金会捐助的建筑及设备费12.5万元。

由于南开是私立大学，因此，在近代中国动荡不定的社会中，办学经费始终亏缺。但张伯苓从不灰心丧气。他常常把学校经济状况及时地向师生报告，并鼓励大家振奋精神，克服困难。如1924年11月，他向师生报告学校亏款情况后，对同学说："然则因此停学乎？否，决不！吾等决不能为经济所败……近年来屡遇此等困难，今亦不觉其难。且以乐观而论，愈难愈佳，可增加办事之能力。总之无论如何，决不令同学失学。"他还常说："南开是私立学校，全校总支出超出学费收入甚多，可是南开要长！长！长！日日新，必须扩充建筑及设备，所以南开之'南'，也许是困难之'难'字。不过我总是乐观的，不怕困难。缺乏经费，决不能阻止南开之发展。"正是这种知难而进的精神，使南开大学在极端艰难的环境中，自强不息，年年都有发展和进步。

张伯苓特别注重提倡科学。"惟是科学精神，不重玄想而重观察，不重讲解而重实验，观察与实验，又需有充分之设备。"为此，南开学校在成立之初，即从日本购回理化仪器多种，其后历年添置，该花的钱决不吝啬。张伯苓常对友人说："一个教育机关应当常常欠债甚至不惜借债。任何学校的经费，如在年终，在银行里还有存款，那就是守财奴，失去了用钱做事的机会。"正因如此，南开的教学设备在当时的私立大学中，是名列前茅的，其设备价值一度超过北京大学等国立大学。

张伯苓还非常重视道德教育。嫖、赌、烟、酒，在南开均属禁戒，犯者退学，决不宽贷。张伯苓曾说："正人者，必先正己，要教育学生，必先教育自己。"

他早年戒烟的事，一直在南开传为佳话。有一次，张伯苓批评一个违犯学校抽烟禁令的学生。那个学生反驳道："您教我不抽烟，您干吗还抽烟？"张伯苓憋了半天说不出话来，突然他把烟袋杆一折两段，坚定地说："我不抽，你也别抽。"从此他再也没抽过一口烟。南开校门旁曾立了一面大镜子，刻有镜箴："面必净，发必理，衣必整，纽必结；头容正，肩容平，胸容宽，背容直；气象：勿傲，勿暴，勿怠；颜色：宜和，宜静，宜庄。"当年美国哈佛大学校长伊利奥博士来南开参观时，见学生仪态与其他学校所见不同，特意向张伯苓询问。张便将伊氏引到镜旁，向他详细解释镜箴。伊氏特意请人将该镜拍成照片，在美国报刊上登载。1925年，教育部视察南开时曾评论道："就中国公私立学校而论，该校整齐划一，可算第一。"

张伯苓办学还有一大特点，就是非常重视体育锻炼和团体组织。他想以此克服中国人的弱、散、私等陋习。南开规定从下午4时起是课外活动时间。一到这个时间，教室和宿舍里就不能留人，都得到运动场或社团中参加活动。还在南开中学时代，学校即设有8个网球场。20年代前后，在南开大学的操场上共举行过三次华北运动会。南开篮球队尤为国人称羡。当时曾有"南开五虎将"之称，所向无敌，执全国篮球界之牛耳。

南开组织的新剧团，排演新剧（即话剧），在当时亦曾轰动京、津。南开上台公演的第一出新剧《用非所学》，就是由张伯苓亲自编导的。该剧描写一位留学生贾有志（假有志）从欧美学成回来，在其老师魏开化（未开化）的影响下，最后丢了学问去当官。张伯苓饰贾有志，借此讽刺社会中的腐败现象。由周恩来扮演女主角的《一元钱》一剧，在北京米市大街的青年会公演时，鲁迅、梅兰芳等人都曾前去观看。胡适为此专门在《新青年》上撰文评论道："天津的南开学校，有一个很好的新剧团……以我个人所知，这个新剧团要算中国顶好的了。"

为了保证学校的教学质量，南开在教师选聘上也是煞费苦心。由于南开是私立大学，经费常告支绌，难于聘任大批的师资。从办南开中学时起，张伯苓就主张建立一支精干的教师队伍，以使教师最大限度地发挥自己的能量。

南开大学最初聘任的教师，主要是一批学有所长的留美学者或美籍教师。他们不仅有较为专深的近代科学知识，而且熟悉美国的教育制度和教学方法。而南开大学建校时，即以美国大学为模式，因此，张伯苓对他们十分重视。他们之中有不少人刚一毕业，就被南开聘为教授，担任重要教学任务。此后，留美学者在南开教师中所占的比例越来越大。南开另外一部分教师则是来自本校或国内著名大学的毕业生。

南开大学无论延聘留学海外的学者，或是选任国内大学毕业生，都十分注重培养新进，为他们创造适宜的科研教学环境，而不是一味地强揽现成的人才。南开大学在师资建设上这一远见卓识之举，造就了不少优秀人才。这些刚刚毕业的青年，一方面得到南开大学著名教授的指导，一方面在南开承担教学与研究任务，成长较快，在很短时间内就崭露头角。如著名物理学家吴大猷在南开大学刚一毕业，就留校任教。

正是南开大学的这一办学教点，吸引了一批优秀的青年学者来南开执教。著名经济学家何廉，1926年自美学成归国时，岭南大学即致函聘任他为该校商学院院长，月薪300元。但他考虑到学术上的发展，还是决定就任月薪仅180元的南开大学商科教授。此后，他在南开创办的经济研究所，从事中国社会经济研究，坚持实地调查与统计分析，出版了大量的学术研究成果。同时他还兼顾科研与教学，招收研究生，培养了一批优秀人才，被公认为"独开风气之先"，在国内尚为首创。

南开大学位于天津，躲开了北京的纷乱政治环境，这也是吸引知识分子的一个方面。北洋军阀统治时期，教师在政治上、生活上都很不安定，国立大学的经费也常没有保障，欠薪十分严重。私立南开大学则较少受政治干扰，学校经费虽然困难，但仍想方设法保证月月按时发给薪俸，绝无拖欠。著名历史学家蒋廷黻（吴晗、周一良等人都是他在清华任教时的学生）在回忆最初到南开大学任教时曾这样写道："在我返回时，大多数学校都发不出薪水，老师无心上课，或者尽量兼课，因为薪水是按钟点计算的，某些老师成了兼课专家。这种情形在南开是没有的。张校长很严格，他按规定付酬，学校名气虽不算大，但学生和老师的出席率都是极高的。"加之校长张伯苓诚恳待人，勤俭律

47

己，善于养贤用贤，努力为教师们创造优良的学术、生活环境，吸引了大批优秀学者来南开大学任教。对此，南开大学在国内教育界多有好评，当时报刊就曾赞誉说：南开大学"教授待遇虽不优，而能奋勉从事；有教授在职十年，其他大学虽以重金邀约，亦不离去"。

近代中国的大学规模，一般都比较小。20 年代后期，平均每所大学的在校生不过三四百人。南开大学在校生数量大体处于中间水平。作为私立大学，学生学费是学校的一项最稳妥的大宗收入。就南开大学的师资和教学设备的能力而言，可招收 500 人。但是，严修和张伯苓办私立大学不以赚钱为目的。当南开大学学生达至 400 人以上时，张伯苓就明确表示："今日南开在十年内，大学生决不扩大到五百名以上，庶良好之校风易于培养，而基础可以稳固也。"南开大学重视学生质量，由此可见一斑。

新中国首任总理周恩来早年即就学于南开学校。由于他品学兼优，学校破例免除他的学杂费，成为当时私立南开学校的唯一免费生。1917 年 6 月，周恩来中学毕业时，徐世昌（1918 年出任中华民国大总统）、陈独秀等特邀来宾出席了毕业典礼。周恩来以最优毕业成绩，接受徐世昌亲自颁发的毕业证书。1919 年 9 月，周恩来又考取了南开大学第一期本科生，学号是62 号。南开大学创办人严修十分器重周恩来的人品和才学，曾托人向他提亲，想把女儿许配给他。周恩来曾对同学讲："我是个穷学生，假如和严家结了亲，我的前途一定会受严家支配，因此辞却了。"1920年，严修和张伯苓共同推荐周恩来赴法留学，严修还资助了周恩来500元旅费。

南开大学校长张伯苓曾将他的办学经验，总结为"公"、"能"两字，"目的在培养学生爱国爱群之公德，与夫服务社会之能力"。为此，他将"公"、"能"二字，作为校训，激励全体师生共同努力。

复旦大学　复旦大学的前身是复旦公学，复旦公学又是从震旦学院独立而来的。

复旦大学创办人马相伯，是著名民主爱国人士。1894年甲午战败后，他深感"清廷外交凌替，一不知公法，二不习制造"，于是捐献家产3000亩，银洋4万元兴办大学。马相伯办学之初，认为个人之建议势不能久，而马氏世代笃信天主教，于是将学校托给天主教耶稣会，以求长久。1903年2月，由马相伯捐资兴建的震旦学院在上海徐家汇正式开学。

震旦学院建立后，逐渐发展成为文、哲、数、理四科，学生人数由24人迅速增至132人。著名革命党人马君武、邵力子都是当时的学生。一天，马相伯阅报时得知陕西青年举人于右任作诗讽刺西太后，被通缉逃亡上海，便派人招他入学，考虑到于右任当时经济困难，特免除学膳等一切费用。由此可见，马相伯对进步青年是十分爱护的。当时，流亡日本的梁启超在东京得知震旦学院成立的消息，十分高兴，著文说："吾闻上海有震旦学院之设，吾喜欲狂。吾今乃始见我祖国得一完备有条理之私立学校……吾祝震旦学院万岁。"

1905 年，法国天主教会夺取学院领导权，逼迫马相伯离校"养病"。由于马相伯是天主教徒，不可能直接与教会争执，只好被迫离校。为此，广大爱国学生愤而离校。当时全校 132 名学生，没有退学的仅 2 人。

震旦学院散学以后，社会各界人士深表同情。当时担任两江总督、南洋大臣的周馥与马相伯私交极好，马请周支持震旦复校。周馥即奏准拨官地 70 亩、白银 1 万两作为复校之用，并暂借吴淞行辕为临时校址。不料法国天主教会抢先在上海《时报》上以震旦学院名义刊登招生广告。马相伯被迫将校名改为复旦公学，于 1905 年 7 月开学。

复旦公学建校后，经历了由公立到私立的变化。

马相伯在创建复旦公学的过程中，曾经呈请地方政府和各界士绅援助。除周馥资助外，1907 年两江总督端方奏准辅助常年教学经费白银 1400 两。根据清政府颁布的《奏定学堂章程》规定，学堂分三种：由官府设立的名为官立；由地方绅富捐集款项、或集自公款的名为公立；由一人出资的名为私立。复旦完全符合公立规定。因此，在 1908 年制定的《复旦公学章程》、1910 年填报的《江苏省宝山县公立学堂一览表》中，都自称为"公立学堂"。

震旦学院原来属于大学性质，因马相伯托付给法国天主教会，清政府无权干涉。而按当时清政府规定，仅在京师设立大学堂，各省城只许设立高等学堂。复旦公学既受清政府资助，不得不按高等学堂章程办理。

高等学堂的教学程度相当于大学堂和中学堂之间，实际上为大学的预备学校。复旦公学高等科分为两类：一类为政法科、文科、商科大学之预备；一类为工科、理科、农科大学之预备，学制三年。当时清政府刚刚废除科举，兴办学堂，社会上尚无规范的中学毕业生。为此，复旦公学在高等科外，另设预科。1909 年以后预科改为中学。

复旦公学第一任校长（后改为监督），由全体师生共推马相伯担任。1906 年马相伯辞去校长职务后，由严复继任。严复是中国最早系统翻译西方近代学术思想的著名学者，他非常重视教育工作，历任北洋水师学堂监督（校长）、京师大学堂编译馆总办。民国成立后，出任北京大学第一任校长，具有丰富的教学经验。南开大学校长张伯苓就是他在北洋水师学堂任教时的得意门生。他协助马相伯主持教学后，制定并颁布了第一个《复旦公学章程》，逐步使复旦公学在教学中形成了自己独有的特色。

复旦公学在 1905～1911 年的 7 年中，共培养了四届高等本科毕业生。早期学生中，有许多人不待毕业便出洋留学或投身革命。著名政治活动家于右任、邵力子，历史学家陈寅恪，气象学家竺可桢等人均曾求学于复旦公学。

辛亥革命爆发后，复旦公学的许多学生参加了革命军，加上清政府停发了每月经费，吴淞校舍又被光复军司令部占用，学校一度停办。此后，复旦又经历了从公立到私立的变化。

1912 年 3 月，南京临时政府教育部通告各省，以大局初定，要求各地高等学校、专门学校立即开学。复旦因校址无着，经费困难，束手无策。此时，已出任临时政府交通部次长的于右任，便与邵力子一起，将复旦创建的历史向大总统孙中山汇报。孙中山以复旦富于反抗外国压迫精神，且为提倡高等教育，在经费十分拮据的情况下，拨发补助金 1 万元，作为复校费用。

1912 年年底，复旦公学曾因学生发生罢课风潮，几乎停办。次年 1 月，于右任出面组织复旦公学董事会，聘请孙中山、蔡元培、陈其美、于右任、王宠惠等人为校董，并推王宠惠为董事长，聘请李登辉为校长，从此开创了复旦的新生。

李登辉是近代中国著名的教育家，爱国华侨，1899 年毕业于美国耶鲁大学。李登辉语言天赋极高，不仅精通马来、荷兰、英、法、德等国现代语言，对于古希腊文、拉丁文也有很深的造诣。他写的英语文章，优美简洁，深为英美人士所赞佩。1906 年，李登辉经颜惠庆、于右任推荐，受聘为复旦公学英文部主任，后为教务长。他出任复旦校长后，针对学校经费入不敷出的情况，千方百计开源节流。一方面多招收学生，适当提高学费来增加收入，另外又与教职员协商酌情减少薪金压缩开支。由于李登辉实行财政公开，精打细算，加之广大教职员对复旦怀有深厚感情，宁愿多做工作，少取报酬。当年学校收支即趋于平衡。学校教学水平也蒸蒸日上。1915 年，大学预科毕业生张荐，赴美留学，经耶鲁大学特许，插入该校本科二年级学习，被当时报纸誉之为留学界的"异彩"。

1917 年，第一次世界大战期间，中国的民族工商业经济有了相当的发展，对大学毕业生需求殷切，为适应这种形势，复旦决定创办大学本科，正式改校名为私立复旦大学。

要建设一座名副其实的大学，需要大量的经费，这对于仅靠学费来维持的复旦来说，无疑是十分困难的。1918 年，李登辉校长亲赴南洋各地，向爱国华侨募集建校资金 15 万元。于是在上海江湾购买土地，建筑新校舍。1922 年春江湾新校舍（即今址）落成，奠定了复旦以后的发展基础。

复旦升格为大学后，除原有的文、理两科外，还设立了商科，这在我国大学尚属首创。此后商科在校生人数经常处于全校之冠。

李登辉一生从事教育事业，很早就主张德智体全面发展。他认为："人类生活，包括德智体三元素，是缺一不可的。三者的发展，贵在平匀。忽略其一，未有不涉及其他之理。单重体育，只能造成蛮横的强力，单重智育，只能造成狡猾的自私，要养成才德兼备的人才，就非重视德育不可。"他还指出，过去的教育，特别是中国，太偏重于智育，以致把其他方面忽略了。结果是智力发达，而体质颓废，形同病夫，或思想空洞，不切实际，甚至于有文无行，变成腐化的官僚政客、学痞商蠹。他特别注重培养学生走向爱国、进步的道路。1919 年五四运动爆发时，复旦大学教师邵力子兼任上海《民国日报》总编，首先接到北京的"五四"专电。他立即告知复旦同学,并协同李登辉校长,指导同学联络全市大中学生,成立上海市学联,支援北京学生运动。

五四运动后,复旦有了进一步的发展。国民党著名领袖胡汉民、戴季陶等人均来校任教。共产党的早期党员陈望道、邵力子也曾执教于复旦。陈望道是《共产党宣言》全译本的第一个译者,积极参与中国共产党的创建,曾任中共上海地方委员会第一任书记。复旦学生中不仅有国民党员,而且有共产党员。在第一次国共合作时,学校内部虽有分歧,但尚未公开爆发。学校里从右派的国家主义和基督教集团至左派共产党,无所不有。同学中政见虽有不同,而在友谊上是没有冲突的。

中华民国建立后的15年间(1912~1927),是近代中国的私立大学从无到有,逐步发展壮大的时期。在这一时期创办了许多著名学府,其中影响较大者如下:

朝阳大学,创办于1912年。创办人汪有龄鉴于当时司法人才奇缺,乃于北京创办朝阳大学,培植司法人才。汪氏曾任民国政府司法总长,因此,朝阳毕业学生也多遍布司法界,各级法院都有。当时社会上就流传有"无朝不成院"之说。国民政府定都南京后,因朝阳大学仅设法律、经济两科,不符合教育部颁布的大学组织法,于是改称朝阳学院。1949年新中国成立后,该校主要人员及校舍并入中国人民大学法律系。

中国大学,1912年创立于北京,初建时名为国民大学。1914 年它与吴淞中国公学合并，改称中国公学大学部。1917 年与中国公学分立，正式更名为中国大学。1949 年以后，该校部分人员分别并入北京师范大学和山西大学，大部分被中国人民大学接收。

同济大学的前身是德国医学博士埃里希·宝隆于1907 年在上海创办的德文医学堂。宝隆原是德国海军军医，曾于 1891 年随德国军舰首次来上海。当时上海流行霍乱、伤寒等病，而医生很少，药品缺乏。他决定离开海军，回国进修医学。两年后，他再次来到上海时，已是手术精湛的外科医生。他在上海办了一家"同济医院"，寓意这所医院是德国人与中国人同舟共济。鉴于该医院医疗力量不足，他计划创办一所德文医学堂，培养医生。宝隆的计划与德国政府及工商界、科技界的在华利益是一致的。在政府的支持下，宝隆很快在德国筹集到了价值 8 万马克的一批医科书和新式外科手术器械。这批物品在起运上海前，先在柏林医院展览一周，德皇威廉二世和清政府驻德公使孙宝琦曾到场参观。

1910 年 12 月，德国工商界、科技界看到同济德文医学堂已初步获得声誉，酝酿再办一所工业学堂，取得经验后向中国其他城市推广，于是又筹集了 175 万马克的资金和价值 20 万马克的实习工厂及陈列室所需的机器、模型后，于 1912 年 4 月运抵上海。工学堂建成后，即并入同济德文医学堂，校名改为同济医工学堂。德文科扩充为医、工两科的预备学堂，学习年限三年。医、工两科学习年限分别为五年、四年。到

1916 年，全校已有教师 35 人，其中德籍教师 26 人，学生 508 人。德国政府还长期支付德籍教授的特种补助和旅费补助金，直至抗战爆发后的 1938 年才停发。

1917 年 3 月，由于欧战的原因，法国军队强迫解散了地处上海法租界的同济医工学堂。从此，同济不再由德人掌管，而由中国人接办，1924 年更名为同济医工大学。到 1927 年南京国民政府成立前的 10 年间为私立大学。

南京国民政府建立后，任命蔡元培为大学院院长。蔡元培曾于 1907 年留学德国，对德国教育颇有研究。他认为"医工两科则德国之教学法尤为全世界所推许也"，而"同济学校发端于德人"，因此，对同济大学非常器重。在蔡元培的极力呼吁下，1927 年 8 月，国民政府将同济由私立改为国立，正式命名为国立同济大学。

中法大学，是 1920 年由北京法文预备学校改组而成的一所综合性私立大学。1921 年在法国里昂成立了中法学院，成为该校海外部。中法大学的学制基本上同当时国内其他大学相同，所不同的是，该校各院系毕业生，具备下列三条件者，可由学校出资送入该校海外部里昂中法学院留学：①毕业成绩满 70 分以上，名列前五名者；②品行端正，在本校学习期间，未受过记过处分者；③身体健康，经本校校医检验，无重要疾病者。被选送出国的学生发给往返交通费、置装费。留学期间，免收学费、食宿费，并发给津贴。毕业回国后，需为该校服务三年。中共著名领袖陈毅、李富春早年赴法勤工俭学时，曾在中法大学学习过。1950 年 9 月，中法大学撤销，文史、法文系并入北京大学，数、理、化三系并入北京工业学院，经济、生物两系并入南开大学。

厦门大学，是由著名华侨领袖陈嘉庚于 1921 年捐资兴建的。陈嘉庚原籍福建同安（今厦门市）集美镇，17 岁侨居新加坡，先后开办了 30 多个工厂，100 多家商店，垦殖 1 万多亩橡胶与菠萝园，可谓家资万贯，但他认为："金钱如肥料，散播才有用。"他把自己一生所挣得的资财几乎都用到国内与南洋各地的教育事业上。陈嘉庚在国内办学始于民国初年。1912 年陈嘉庚回到福建家乡，首先劝集美镇的陈姓各房停办私塾，并捐资办起了集美小学堂。为解决当时极度困难的师资问题，1918 年他创办了集美学校师范部与中学部，后又设教育推广部，在福建全省大力从事普及教育。同时，他还积极兴办职业教育，创设了航海、水产、商业、农林等许多职业学校。1921 年陈嘉庚正式开办了规模宏大的厦门大学，校舍宏畅，师资齐备，闻名海内外。陈嘉庚一生倾资兴学，为祖国兴学所捐之款如以当时全价折算，约达 1 亿美元之巨。

大同大学的前身，是 1912 年创办的大同学院，该校创办人胡敦复等 11 人原是执教于北京清华学堂的教师，因不满清华学堂的办学方式，辞去原有职务，相约同赴上海兴办教育。1912 年，大同学院增设大学本科。1923 年经教育部立案，正式更名为大同大学。1952 年全国高校院系调整时撤销，原有院系并入复旦、同济、交通等大学。

大夏大学，创建于 1924 年。该校同厦门大学学潮有着不可分割的联系。1923 年冬，厦门大学因个别教授教学质量差，学生向学校提出改革要求，学校当局处理不当，激起全校师生的义愤，酿成学潮。学校当局又无理解聘尚未期满的欧元怀等教授，认为他们同情学生滋事。于是，部分教授愤而辞职，300 多名学生也集体离校到上海，请求原厦大教授欧元怀等九人筹组新校。初名"大厦大学"，后定名为"大夏大学"，以志校史系由"厦大"嬗变而来，并寓光大华夏之意。大夏大学初创时，广大师生刚自厦门来到上海，原广州军政府交通部长王伯群当即捐出银币 2000 元作为开办费。于是教授们请王伯群出面组织校董会，聘请了马君武、吴稚晖、汪精卫等人为校董，公推王伯群为董事长，学校新建校舍一期工程所需的 10 万银元，也由王伯群慨然承担。1951 年 10 月，大夏大学与光华大学、东亚体育专科学校合并组建为华东师范大学，原校遂即撤销。

光华大学，是 1925 年从美国教会学校圣约翰大学脱离出来而创建的，1925 年 6 月 3 日，上海圣约翰大学华籍师生，为悼念五卅惨案死难者要求校方悬挂中国国旗，降半旗致哀，遭到美籍校长卜舫济的反对，并要求学生立即离校，不许进行政治活动。广大师生非常气愤，当即有学生 550 余人宣誓：永远和圣约翰脱离关系，嗣后不再进任何外国教会学校。同时有中国教师 17 人亦声明辞职，脱离圣约翰大学。离校师生立志创办中国人自己的新学校，得到学生家长和社会各界爱国人士的大力支持。随即成立新校筹委会，并定新校名为"光华大学"，即"光我中华"之意。9月3日，光华大学开学，原圣约翰学生纷纷前来就读，共招收新生970人，比圣约翰大学的学生还多。

复旦、大同、大夏、光华四校在当时上海的私立大学中，有"四大金刚"之称。

至抗日战争爆发前后，私立大学之所以能够兴盛不衰，除当时社会经济发展对人才的需要以及西方文化对中国的冲击外，还有许多其他因素。首先，由于近代中国社会始终动荡不安，国家无力大量投资教育。而私立大学多是依靠学生学费为主要收入，因此，招生录取标准较低，往往降格以求能够扩大，它为投考国立大学落榜的学生提供了求学的机会；第二，国立大学往往受政潮影响，校长更换频繁，学校经常呈现混乱、停滞的状态，而私立大学一般相对比较稳定、扎实，特别是一些声誉卓著的私立大学，对师生都有较强的吸引力；第三，一些有政治理想者或失意政客开办学校，伺机活动，借此扩大影响，培养人才；第四，当时社会偏重资历，进大学混张文凭，对个人进升有利，因此，私立大学对于来自富裕家庭的青年也有一定的吸引力；第五，反对原学校，另起炉灶，创立新校。例如复旦、光华两校均是反对震旦、圣约翰等西方教会学校的殖民教育而脱离原校，大夏大学则是不满厦门大学而独立的。由于以上诸因素的促成，在20世纪二三十年代，私立大学得以较快发展。

按照当时教育部规定，私立院校的设立，须经教育部批准，并以校董会为代表，对学校管理的负全责；校董会必须具备法定的资产、资金或其他收入，呈请教育部核实，方可立案。更明确地讲，私立院校能否获准开办，必须有符合规定的足以维持学校正常运转的经常费，而且学费收入还不能算做经常费收入范围之内。按照这一规定的要求，中国人开办的私立院校很难达到标准，许多学校即使加上学费这一大宗收入外，还常常入不敷出，因此，只能在校董会上大做文章。各校成立之初，即纷纷聘请了一批社会贤达或有权有势的官僚政客为校董，以求同教育部疏通并借此扩大学校的社会影响。私立院校的教学经费除学费外，另一项主要来源就是向社会各界募捐。所以校董名义也可以变相拍卖，只要谁捐的钱多，就可以送谁一个学校董事的称号。

南开大学筹办时，曾将一些向学校捐款的政客，如曹汝霖、杨以德等列为校董，引起学生的反对。他们认为校董是一校精神的表率，不能拿校董去诱人捐钱，以神圣名器作交易的媒介。在校学生曾一度联络海内外各处的校友，敦促学校将曹汝霖、杨以德从校董会除名。在当时的社会条件下，严修、张伯苓出于私人办学的艰辛，认为通过募捐方式，将达官贵人、巨绅大贾手中用以挥霍享受或盘剥牟利的资财，转用于百年树人的公益事业，并非坏事。对此，严修曾说："盗泉之水不可饮，用它洗洗脚，总不失为一有益之举。"张伯苓也说："美丽的鲜花，不妨是由粪水浇出来的。"此后南开大学继续向当时的权势募捐。曾任江苏督军的北洋军阀李纯1920年去世后，留有遗嘱：将其家产1/4约50万银元，捐助给南开大学作永久基金。南开大学接受后，校董会还将李纯推为南开创办人。

在大夏大学开办的最初几年中，为了获得银行贷款的方便，校董会为此增聘了上海金融界的一批大亨，如虞洽卿、钱新之、张公权、徐新六等人为理事。每当学校经费有困难时，总是向银行借款。各行贷款常由总经理互作偿还保人。例如向交通银行借的，由中国银行张公权担保；向中国银行借的，则由交通银行担保。地处上海滩的大夏大学当时为了保护师生安全，还聘请了上海闻人杜月笙为校董。杜也为学校出过一些力。一次，学校因建校舍向银行贷款30余万元，由于数目过大，按手续要有实物作抵押。王伯群找杜月笙商量，杜说："不用担心，没有抵押品，由我出面担保还就是了。"王伯群出任南京国民政府交通部长后，大夏又添请了孙科、居正、吴铁城、孔祥熙、何应钦、王正廷等国民党要人为校董，尽管他们都是徒挂虚名，但这些显赫一时的权贵，对学校的发展，吸引学生来校就读，也曾发挥了一定的作用。

 教会大学的发展

教会大学，是指欧美各类教会团体在近代中国设立的高等教育机构。

近代中国教会学校的出现是在 1840 年鸦片战争以后。西方列强依靠坚船利炮轰开了中国的大门，通过一系列不平等条约保护了传教士的在华传教特权。此后，基督教（新教）、天主教势力才得以在中国取得较大规模的发展。他们在中国广泛开办学校，其中较著名的有，天主教会 1850 年在上海创办的徐汇公学，1864 年美国传教士狄考文在山东登州创建的文会馆，1881 年林乐知在上海创办的中西书院等。

19 世纪中后期，教会在华创办的学校多以初等教育为主，后来逐步开办了一些中等学堂。为了扩展教会的势力，进一步控制中国社会，传教士们感到有必要培植一批中国籍的传教士。林乐知对此提出："为什么我们教会在中国要不断为乞丐开办义务学校呢？倘若让富有的和聪明的中国人先得到上帝之道，再由他们去广泛地宣传福音，我们岂不是可以少花人力物力，而在中国人当中无止境地发展力量和影响吗？"但仅仅依靠普通教育，是不可能培养出他们满意的合格人才。为此，在中国创办教会大学的呼声不断高涨。1890 年基督教在华传教士举行了第二次大会，狄考文在大会上详细阐述了创办教会大学的必要性：

　　一个受过高等教育的人是一支燃着的烛，别的人就要跟着他的光走。这对中国来说，比其他异教的国家更真实。作为儒学思想的支柱，是受高等教育的士大夫阶级。如果我们要取儒学的地位而代之，我们就要准备好自己的人们，用基督教的科学来教育他们，使他们能胜过中国的士大夫，才能取得旧士大夫阶级所占的统治地位。

上海圣约翰书院院长卜舫济更明确地宣称：

> 我们的学校和大学，就是设立在中国的西点军校……当被问到美国军队的力量来自何处时，我们不只是指出我们有少量的常规军，而是提到西点军校。那里训练着我们未来的军官和军人，准备一旦需要就担任领袖，对别人进行教育和训练。当被问到在中国的传教事业从何处可以清楚看出其力量来源时，让我们不只是指出中国有那么一小队英勇的本地和外国的福音使者，而且还应指出我们的教育机关，正在训练未来的领袖和司令官。他们在将来要对中国同胞施加最巨大和最有力的影响。

就在这次会上，基督教传教士全国会议还做出决定，将 1877 年由在华各教派联合组成的学校教科书委员会改组为中华教育会，从单纯编辑出版教科书扩展为对整个在华基督教教育进行指导。教会学校逐步开始将眼光移向高等教育。义和团运动失败后，中华教育会的活动也更加活跃。1902 年该会在上海举行了第四届年会，这届年会重点讨论了如何利用清政府完全屈服于西方列强的有利形势，并以最大努力扩展教会势力的问题。传教士除了利用庚子赔款恢复原有的教会学校外，还纷纷在原有的基础上扩充，以招收更多的学生入学，增加预算，开设更多的课程。同时中华教育会还向国外要求增派教员。在 20 世纪前 20 年，教会大学得到了迅猛发展，在华传教士专门成立了中国基督教教会大学协会。据该协会 1919 年统计，已完全具备本科设置的基督教教会大学有 16 所，它们是：

苏州东吴大学，1900 年建校，由林乐知创办的上海中西书院和苏州博士书院、苏州中西书院等合并组成，美国基督教卫理公会（前身是监理公会，该会是美国基督教的第三大宗派，有信徒 800 万）开办，由教会向美国田纳西州立案。

上海圣约翰大学，1905 年成立，原称圣约翰书院，美国圣公会开办，在华盛顿注册。

杭州之江大学，1901 年建校。它的前身是宁波的崇信义塾及其以后的杭州育英义塾。它是美国基督教在华设立的最早的教会学校（1845）。

成都华西协和大学，又称华西大学，1910 年建校。由美、英、加三国的四个教会组织（即卫理公会、浸信会、英美会和公谊会）联合开办。该校在美国纽约注册立案。

武昌华中大学，是由 4 所教会大学组合而成。这 4 所教会大学是：1906 年美国耶鲁布道会创办的长沙雅礼大学；1907 年英国循道会开办的博文书院大学部；1909 年美国圣公会开办的武昌文华大学；1917 年美国复初会创办的岳州滨湖大学。

南京金陵大学，1910 年建立，它的前身是由南京汇文书院合并基督、益智二书院而成，由美国的美以美会、基督会、北美长老会组成的联合托事部负责一切校务，并于1911年在美国纽约州教育局注册立案。

济南齐鲁大学，1911年建校，其前身是狄考文创办的登州文会馆。

福州华南女子大学，1914年建校，由美国卫理公会开办，后在美国纽约立案。

南京金陵女子大学，1914年建校。1912年初，美国8个传教会在上海聚集一堂，计划在长江流域开办一所女子大学。1914年由美国最大的基督会组成校董会，正式成立金陵女子大学。

上海沪江大学，1915年建立，原名浸会大学，后与浸会神学院合并。

广州岭南大学，1916年建立，前身是1888年创办于广州的格致书院。岭南大学虽是由美国传教士创办的，但并不同于其他教会大学，不隶属于任何一个宗派或教会联合组织。

北京燕京大学，1916年建立，它是由美国基督教美以美会创办的汇文大学和美国公理会、长老会和英国伦敦会联合创办的华北协和大学，以及上述四个基督教差会联合创办的华北协和女子大学三校合组而成。

福建协和大学，1918年建校。

以上16个教会大学，都是由基督教（新教）开办的。在此期间隶属于天主教的大学只有法国天主教耶稣会于1903年在上海开办的震旦大学。当时中国国立大学只有3所，即北京大学、山西大学、北洋大学。

私立大学也不过 5 所，加起来仅有 8 所，而此时的教会大学却多达 17 所。

天主教此后又增设了两所大学，一所是 1922 年在天津开设的津沽大学，设有工、商学院，由天主教耶稣会创建，1933 年改称为天津工商学院。另一所是 1925 年罗马天主教教会在北京开办的辅仁大学，其前身是著名天主教徒英敛之建立的辅仁社。罗马教皇曾以私人名义捐赠 10 万里拉作为开办费，由美国天主教本笃会负责，并从美国募集基金 116 万美元。

近代中国教会大学几乎都是在此阶段先后成立的。在华传教士之所以重视发展教会大学，是因为他们已经意识到教会设立的普通中、小学校此时在数量上已无法同中国的公私立学校相抗衡，只有在大学教育上进行竞争；另外，最主要的还是因为谁更多地掌握高等教育，谁就有可能输送更多的人到各个关键部门，从而也就有可能更多地控制中国的前途。

教会大学大部分在美国注册立案，学生毕业后可以不经过考试直接升入美国的州立大学或挂钩合作的大学，并可颁发各挂钩大学认可的学士、硕士、博士学位，这对抬高身价以吸引学生报考教会大学是一种有效的手段。同时也表明教会大学虽然设立在中国的土地上，但它可以无视中国的主权，对中国的法律不屑一顾，中国的教育部门根本不能过问教会学校的行政和教学。难怪人们要称呼这些教会大学是设在中国领土上，享受治外法权和其他特权的"外国文化租界"了。

早期开办的这些教会大学，都带有强烈的宗教色彩。所有的学生，不论是否是基督徒，都必须接受基督教教义和礼仪的强烈熏陶。大多数学校要求学生每年起码修习一门宗教课程。在许多情况下，学生被迫每天参加一、二次礼拜仪式，每周参加一次祈祷会。星期日几乎全部用于宗教礼拜和宗教教育。传教士们希望通过这种方式和途径达到三个目标：使上等阶层皈依基督教，以期通过他们影响百姓；有必要对信徒和教会学校、医院及教堂的工作人员进行高等教育；希望使整个中国基督教化。

但是，建立在中国土壤上的教会大学，并没有能够按照他们既定的愿望和轨道发展。这主要是由以下两方面的原因造成的：一是教会大学的建立，主要凭借的是西方列强的枪炮和强加在中国人民头上的不平等条约的保护而得以产生的。中国人因败在帝国主义列强之手而深感耻辱和悲愤，反抗的烈火自然也会燃烧到与洋人同来的洋教身上。近代中国历史上连绵不断的"教案"事件，以及教会大学创建初期在选址、招生和传教等方面所遇到的困难和阻力，都相当集中地表明了中华民族与帝国主义列强之间不可调和的矛盾。二是以儒家思想为特征的中国传统文化，与基督教或天主教文化之间存在的深刻冲突，从而制约着教会大学的发展。早期的教会大学都带有强烈的宗教色彩，常常引起广大学生的不满，以至退学。而且教会大学最初大体都是排斥非基督教徒，导致教会大学不能获得优秀的生源。而同一时期，中国人创办的公私立大学不断涌现，在那里同样能够接受到西方现代科学技术知识，吸引了大批的青年学生。

特别是自五四运动以来，民主与科学在近代中国得到广泛的传播，许多知识分子也开始对西方宗教进行系统的了解和介绍。人们对基督教的认识已不再是盲目的排外和仇视，而能相对客观地予以批判。1921年，英国著名的哲学家罗素来华讲学，曾得到大批中国青年学生的赞誉，他也认为："现代社会不需要宗教，宗教只能怂恿人们争吵，维持现状，阻碍个性发展以及用感情代替客观依据。"蔡元培在主持北京大学校政时，即提出以美育代宗教。1922年2月，他又专门著文抨击教会学校是"用种种暗示，来诱惑未成年的学生，去信仰他们的基督教"，主张"一，大学中不必设神学科，但于哲学科中设宗教史、比较宗教学等；二，各学校中，均不得有宣传教义的课程，不得举行祈祷式；三，以传教为主的人，不必参与教育事业"。

1922年3月爆发的"非基督教运动"更是逼迫着教会大学不得不改变办学方针。

"非基督教运动"的导火索是，1922年4月，世界基督教学生同盟在北京清华学校召开的第11届大会。该同盟是美国传教士穆德于1895年在美国创立的一个基督教国际团体，以世界各国在校基督教大学生为主要活动对象。该组织的目的是："领导学生承认耶稣基督为唯一救世主，成为他的信徒；加深学生的精神生活；征募学生往全世界推扩天国的工作。"

　　针对世界基督教同盟直接向中国的挑战，在大会召开前的一个月，北京、上海等地的爱国学生，在中国社会主义青年团的倡议下着手组织了非基督教学生同盟。中国社会主义青年团机关刊《先驱》，并发表宣言指出："我们认定这个'助桀为虐'的恶魔——现代的基督教及基督教会，是我们底仇敌，非与彼决一死战不可。"同月，北京学界组织"非宗教大同盟"，其发起人李石曾是留法勤工俭学会的骨干。当时国共两党的许多著名领袖，如蔡元培、陈独秀、李大钊、朱执信、汪精卫、吴敬恒等都参加了这一同盟。教育界纷纷起而响应。刚刚诞生不久的中国共产党，更是积极投入到了这场斗争中来。美国学者卢茨在其所著的《中国教会大学史》一书中曾评论道："很明显，在1922年的非基督教运动中，一些与共产主义有紧密联系的组织和人士起了突出的作用。"

　　到1924年，随着中国民族、民主革命热情的不断高涨，各地教会学校学生参加爱国运动的斗争此起彼伏。而教会学校当局采用各种软硬兼施的手段进行压制。例如广州岭南大学的美国传教士向爱国学生威胁："此是教会学校，只可宣传宗教，不许谈论国事。"上海三育大学的美国传教士则向学生宣布："已入教会学校读书，应该断绝一切国家的观念，爱国二字断无存在之余地。"于是再次引起教育界的不满，又点燃了规模和声势更大的第二次非基督教运动。这次运动更加明确了斗争的目标，首次提出收回一切外国人在华教育权的正义主张。

广州学联发表"宣言",明确提出了要求收回教育主权:

> 我们应该一齐联合起来一致力争,收回外人
> 在华所办学校之教育权……我们现在提出几条最
> 低限度的办法:一是所有的外人在华所办之学校,
> 须向中国政府注册与核准;二是所有课程及编制,
> 须受中国教育机关之支配及取缔;三是凡外人在
> 华所办之学校,不许其在课程上正式编入、正式
> 教授及宣传宗教,同时也不许其强迫学生赴礼拜
> 念圣经;四是不许压迫学生,剥夺学生之集会、
> 结社、言论、出版等自由。这几件事我们誓要办
> 到,愿我各界同胞,一致力争,因为这是中国的
> 主权旁落在外人手上,我们应该要回自己所有的
> 主权。

通过非基督教运动,广大爱国学生对教会学校有
了新的认识。许多学生纷纷退出教会学校,全国一致
要求收回教育主权。1925 年 11 月 6 日,北京临时政府
教育部针对教会大学颁布了《外人捐资设立学校请求
认可办法》,规定:凡外人捐资设立各等学校,得依照
教育部颁布关于请求认可之各项规则,向教育行政官
厅请求认可;学校名称应冠以"私立"字样;校长须
为中国人,如校长原系外国人,必须以中国人充任副
校长;学校不得以传播宗教为宗旨;中国人应占董事
会名额之过半数。

由于中国民族运动的不断高涨和国人兴办的公、私立大学的兴起，在华教会大学作为一个教育实体，为了适应中国人民的民族情感和当时社会对人才的需求，被迫改变初衷，采取一些新政策，以保证自己的生存，同时增强与中国人开办的大学相竞争的能力。教会大学这一自身的调整过程，几乎贯穿于 20 世纪 20 年代，它是教会大学史上具有转折性的年代。

1921 年 9 月应中华基督教教育协会的要求，美英各教会联合聘请了 16 位他们信任的教育专家组成了中国教育调查团。他们对中国 36 个城市的 500 余所学校（包括教会学校和公、私立学校）进行了历时近 5 个月的调查，出版了一部详细的调查报告：《基督教教育在中国》。调查报告首先肯定了教会学校在中国所起到的不可忽视的作用，同时，他们也清醒地意识到，进入 20 世纪 20 年代，中国人民的民族觉醒，势不可当：

> 以前几乎只有教会学校在中国是采用新式方法教学的。现在则意味着，要从数量的基础上进行这种竞争已是不再有任何可能了。这种竞争已经过去，前十五年中国人设立的学校数已经获胜。今后教会学校必须把基础惟一地放在质量上。只有质量能吸引非教徒。甚至教徒也宁愿要一所好的非教会学校而不要一个蹩脚的教会学校……
>
> 教会学校必须尽快地去掉它们的洋气。在一九〇〇年之前的时代，这对它们是有利的，因它

代表了一定的质量，是中国学堂所找不到的……

这些事实加在一起清楚地指出了教会学校的机会：在性质上彻底地基督化，在气氛上彻底地中国化，把效率提到一个新的高度，而如果缺少这些特征，那就将一无所成。

为此，调查团明确提出教会学校要想跟上时代的步伐，就必须"更有效率、更基督化、更中国化"。

因此，当1922～1925年"非基督教运动"和"收回教育权运动"爆发时，在华教会大学并没有完全崩溃。中华基督教教育协会及时表示："向（中国）政府注册是适应时代的要求"，"建议教会学校增加中国教师和行政人员，为适应政府的标准修改课程，从而为注册做好准备"。不过它仍希望中国政府能够放宽对教会大学内的宗教活动的限制，并要求各校在未达成适当的协议之前不要注册。然而，中国迅猛发展的民族革命，特别是1926～1928年爆发的北伐战争，逼迫着教会大学不得不加快"更中国化"的步伐，以维持自身的生存和发展。1926年中华基督教教育协会敦促各校按具体情况行事时，已有相当一部分教会大学准许学生自由参加礼拜。到了1927年，齐鲁、燕京、金陵、东吴、沪江、雅礼、华中和华西等教会大学则取消了必修的基督教课程和圣经课，改为选修课。

1927年南京国民政府成立后，明令各教会大学必须向中国政府注册立案，校长必须由中国人担任。同时针对申请注册的教会大学在预算、图书馆、实验设备、系科数量与类型及教师资格等方面颁布了一系列的最低要求。例如，1929年，山东省检查委员会考察齐鲁大学时，认为该校2.4万册图书是不够的；许多教师资格未达标准；神学院应与大学的其他部分分开，大学必须设有三个学院，而现在只有两个，神学院不能计算在内；董事会中必须有2/3的中国人，而不仅仅是中国人占多数。齐鲁花了两年时间的调整，才达到中国政府规定的要求，并允许注册。之江大学由于美国董事会不愿意接受关于宗教课的规定，被迫于1928年关闭。一年以后，之江任命中国人代理校长，并实行自愿参加宗教课程才宣布复课。但由于该校学生多已转入其他大学，因此，之江起初只能维持初级大学的教学水平，不能达到政府规定的学术标准，未能注册成功。

金陵大学和沪江大学是第一批接受注册的学校。此后，燕京、金陵女大、东吴、福建协和以及岭南等教会大学纷纷向国民政府立案，各校校长也均改由中国人担任。当时，绝大多数学校的外籍教师都能保持比较合作的和谐关系。例如，金陵大学在选举中国人陈裕光为校长后，该校在纽约的托事部很快就发来电报，表示对陈裕光当校长的决定完全同意，并致以衷心的祝愿。只有圣约翰大学校长卜舫济坚决不让位，而未向中国政府注册立案。

如同复旦和南开两校，是中国南北两地不容置疑的著名私立大学一样，燕京和圣约翰大学同样在近代中国南北两地，是最具盛名的教会大学。

燕京大学 建立于 1916 年，原英文校名为"北京大学"，1919 年正式更名为"燕京大学"。它是由原在北京的两所教会大学汇文大学和华北协和大学合组而成。学校创办初期，由于内部人事复杂，派系纷争，始终未定校长人选。1918 年底，"北京大学"董事会决定正式聘请司徒雷登担任校长。

司徒雷登的父母都是传教士，他于 1876 年生于中国杭州，从小就能讲一口流利的中国话。他 11 岁时回美国读书，大学毕业后于 1904 年来华传教，1907 年到南京金陵神学院任教。在此期间，他撰写了《新约启示录新注》、《新约希、汉、英字典》、中文《新约精要》等专业著作，引起了在华教会的关注。

1919 年初，司徒雷登来到北京就任新职。当时的"北京大学"规模很小，经费支绌，学生不足百人，图书仅有数万册，"教职员连打字姑娘都算在内只三十三人"。他曾感慨道："我接受的是一所不仅分文不名，而且似乎是没有人关心的学校。"

司徒雷登接任校长时，"汇文"和"协和"两校师生还在为校名争执不休。他特意召集两校代表组成"校名委员会"，讨论通过了"燕京大学"作为正式校名，从而平息了长期以来隐伏在校名之争中的派系之争。1920 年，他说服华北协和女子大学并入燕京，设立女生部，使燕京成为中国最早实行男女合校的大学之一。

燕京大学初期的全部校舍，仅有"盔甲厂的数幢小屋……图书馆则斗室两间，实验室则一楼底二间，

生理化均在其中"。为此，司徒雷登上任不久，即着手
筹建新校舍。他先后拜访过北京政府的首脑和许多中
国的大资本家，如段祺瑞、张作霖、孙传芳、汪精卫、
孔祥熙、虞洽卿等人，为燕京募捐或委托他们代为学
校募捐。有一次他向孙传芳募捐，孙传芳不知道他的
身份，只给了 100 元，后来得知此人不得怠慢，又连
忙派人送去了 2 万元。除了在中国筹款外，自 1922 年
起，他连续 10 次赴美募捐。美国铝业大王霍尔去世后
曾将一笔遗产捐作教育基金，他通过关系与普林斯顿
大学挂钩，获得了相当一笔经费；石油大王洛克菲勒
也常向燕京大学捐款。据不完全统计，1921～1927 年
间仅从这两家财团获得的津贴就高达 400 万美元。

　　经过司徒雷登的多年奔走，他先后在北京西郊海
淀一带购买了 1200 余亩土地，陆续建造了 88 座大小
建筑物。校园内湖光塔影，美不胜收。从 20 年代初开
始，燕京大学的在校人数不断上升：1920 年为 259 人；
1922 年为 461 人；1924 年为 550 人；1926 年为 619
人；1928 年为 716 人；1930 年高达 808 人。到 30 年
代，燕京大学已成为中国最著名的教会大学，司徒雷
登也成为名噪一时的教育家。

　　司徒雷登是教会大学"更中国化"主张的积极鼓
吹者。当 20 年代中国发生"非基督教运动"和"收回
教育权"运动时，司徒雷登不仅没有惊慌失措，反而
对中国人民表示出极大的同情。1926 年，燕京即向北
京政府教育部申请立案，获得批准。南京国民政府成
立后，在教会大学应不应该向中国政府立案问题的争

论中，司徒雷登专门在《中国纪事》上撰文指出：

> 无论西方教会董事会的秘书和教育家们对教育原则或宗教自由问题发表什么样的看法，目前的争论与其说是教育或宗教的，不如说是民族主义的。中国人有权利和能力去决定哪一类外国学校应当在中国开办，它们惟一既合乎理性又切实可行的选择只能是：或遵守规定，或关门停办。

1929 年，燕京大学接受国民政府教育部审查合格，立案通过。按教育部大学法规规定，正式设立文、理、法三个学院，共 20 个学系，此外，附设宗教学院和国学研究所。1934 年，燕京大学正式设立研究生院，开设研究生课程的学系达 12 个。1929 年，司徒雷登主持制定了《燕大中国教职员待遇细则》，规定中国教授在薪金、住房、休假、医疗等方面与外籍教授享有同等待遇。在这一政策吸引下，燕京大学的教师结构发生了巨大的变化。据统计，1936～1937 年，全校 169 名教师中，外籍教师 41 人，占总数的 24.2%；中国教师 128 人，占总数的 75.8%。中国教师比例大大超过了建校之初的水平。

燕京大学虽然是一所教会大学，但自司徒雷登执掌校印后，非常重视培养适合近代中国社会需要的有用人才。他曾公开表示："燕京教育目的，并非专备课室、图书室，为学生读书……同时也不是为培养什么人材以从事某种政治经济活动。我们的目的，是以养成一种合作、建设、服务人群的精神以服务社会国家……我们不是要变成世界上最有名的学校，也不是要成为有史以来最有名的学校，而是要成为'现在中国'最有用的学校。"

伴随着宗教课程的取消，燕京大学逐步加强了国文系和汉学研究。司徒雷登本人就是一个中国传统文化的崇拜者。他熟悉中国典籍，特别欣赏王阳明的知行合一哲学。在他的倡导下，1928 年正式成立了哈佛燕京学社，在燕京大学和美国哈佛大学同时招收研究生，专以培养汉学家为目的。

在课程设置方面，1927 年以前燕京大学着重开设一些职业科目，为学生提供谋生机会，如开设畜牧科、制革科、劳工调查统计科等。1927 年以后，燕京的课程设置重点放在文科上，延聘了国内外一些著名的教授执教，使学校声誉日隆，投考的学生也大为增加。特别是文学院下设的新闻系和社会学系，均是在中国近代大学中最早开设的新兴专业学科。

新闻系是从 1924 年开设的新闻科发展起来的。1927 年，燕京与美国最著名的密苏里大学新闻学院建立了合作关系。此后在司徒雷登和美国一些著名报社的支持下，30 年代初成立了"密苏里—燕京合作基金委员会"，密苏里大学新闻学院院长马丁和著名记者埃德加·斯诺都曾在这一时期到燕京任教。该系还成立了"燕京通讯社"，独立发行中、英文版的"燕京新闻"，供学生实习。由于新闻系毕业生的质量较高，深受当时国内各大新闻单位的青睐，毕业后出路有保证，所以报考的学生最多，成为全校著名的系科之一。为此，司徒雷登不无自豪地称赞道："有一段时间，中国新闻社派往世界各大国首席的代表几乎全是我系的毕业生，他们在中国报纸编辑人员中的地位也同样突出"。

社会学系是与美国普林斯顿大学挂钩的，得到了该校的基金补助。该系不仅注重理论研究，而且强调社会实践。1928 年，燕京社会学系在北京清河开设了一个农村实验站，训练学生进行农村社会调查，推行平民教育和农业改良等活动。从 1934 年起，该系增设了农村社会学、农村教育、农村合作、现代欧洲农业经济、农村改良运动之比较等课程，并不断派送学生到各教会、青年会和国民政府创办的"乡村建设"基地去实习和调查研究，先后出版了《燕京社会学研究》、《清河社会学实践》等有价值的学术著作，为中国培养了一批社会学研究人才。

圣约翰大学　圣约翰大学的前身是圣约翰书院。1879 年，美国圣公会主教施若瑟将传教士文惠廉在上海创办的神道学校、培雅书院、度恩书院三个学校合组而成。

学校最初只有学生 39 人，他们中 90% 来自教徒家庭，全部免费入学，连衣服、饮食、书籍、文具等全由学校供给。

1883 年施若瑟因病辞职，由文惠廉继任校长。1886 年美国传教士卜舫济来校负责英语教学。两年后，他被提升为校长。当时卜舫济年仅 24 岁，从此执掌校印长达 53 年。可以说，卜舫济个人的历史同圣约翰大学的校史是分不开的。

卜舫济初到圣约翰书院时，书院中除了一些学神学的学生外，其他学生程度只相当于初中水平。1892年，圣约翰开始设置大学课程，学制三年。1905 年圣约翰驻美董事会同意学校改组，按照美国哥伦比亚大学条例组成正式大学，设置文、理、医、神四个学院，学制为四年。1906 年，圣约翰在美国华盛顿注册。

圣约翰大学在教学上一个最大特点就是非常注重英语教学。早在书院时代，学校就设有专门的英文部。圣约翰在培养外语人才的方法上，除了国文课程用中国话讲授外，其余课程一律使用英语课本，教师用英语教学，学生必须用英语做习题和回答教师的一切提问，甚至同学之间相互交谈也要用英语。在校期间，学生还要学习西方的礼节、风俗。经过四年的训练，圣约翰的毕业生外语水平在近代中国高等学府中可以说是位居前列的。

自从卜舫济担任圣约翰校长后，除重视英语教学外，还特别强调师生之间要亲密无间。他自己在这方面首先树立了榜样。每逢周末，他总是在家里举行晚会，请学生轮班到家里做客，请学生们来喝茶，吃蛋糕，玩些游戏，唱点歌曲，随便聊聊天。同样，卜舫济也要求所有的教师都必须"在教室内外运用上课、谈话、讲故事等同学生们接触，特别是当每个学生不可避免地要遇到各种各样困难的时刻，教师要给予他个人的同情和忠告"。卜舫济还相当重视学生的课外活动。卜舫济说过："在游玩的时候，教师愿意与同学们混合在一起……无疑地会使学生的脑子开窍，教给他们有价值的课程。"

近代中国体育运动的普及和发展，可以说要归功于教会大学，而圣约翰则是其中的佼佼者。一是引进西方的运动项目最早，在初期的各类比赛中，常占优势，多次夺标。二是开展的项目最多，为当时其他高校所不及。卜舫济组织的第一个学生体育组织是射箭俱乐部，后来规定每周要上哑铃操和军事操，随之学生足球队也组织起来，并且开始有了田径运动和游泳等体育活动，这些体育运动在 19 世纪末的中国，还是件新鲜事。许多旧式文人认为，这样太不成体统。

从 1895 年 5 月起，圣约翰还组织了学生军，并把军操定为必修科，除了每晨早操外，规定每星期举行两次兵式体操。用的枪，起初是竹杖和木枪，后来清朝的两江总督派员到校检阅，拨赠了训练用的旧式后膛枪 200 支。这种兵式操一直继续到 1920 年体育室成立才停止。

1890 年 5 月，圣约翰举行第一次运动会。1898 年学校成立了体育会，主办校内体育活动和班级之间的比赛，校方设优胜奖，对运动员的伙食供应也特别优待，比赛时有拉拉队摇旗呐喊助威。每当自校外比赛得胜回校时，校中放爆竹，燃烟火表示庆贺，卜舫济经常亲自向运动员慰劳，气氛十分热烈。

体育项目中引进最早的有田径、足球、网球、体操和篮球，春秋两季都要举行田径运动会，中国学校之有运动会，实以圣约翰为始。在1911年中国第一届运动会上，圣约翰夺得了冠军。1913年2月在菲律宾马尼拉举行的第一届远东运动会上，中华田径队所得的36分中，有26分是由圣约翰大学生取得的。

圣约翰的校训是"光与真理"。校刊《约翰声》曾专门发表过一篇社评，大意解释为：

> 我们要使约翰书院成为中国的光和真理的火炬，没有再比这个目标更崇高的了。我们将努力给予我们的学生一个广阔的、丰富的和基督化的教育，我们将最充分地教授英语和文学，我们相信这将有助于扩大学生的知能水平。我们将传授科学，不仅因为科学有实用价值，还由于科学真理和其他一切真理是来源于上帝。

后来学校又在"校训"中添进了孔子在《论语·为政篇》中的两句话："学而不思则罔，思而不学则殆"，并把这12个汉字连同英文的"光与真理"刻在学生胸前佩戴的校徽上，勉励他们要对校训拳拳服膺，牢记心头。

1913年2月，卜舫济曾邀请孙中山到校演讲，受到全体师生的热烈欢迎。孙中山说："你们从《圣经》里学到，你们有了光，就应该给别人照亮道路。所以，当你们接受知识之后，也就应该去教导别人。一个民主国家的基础，就是教育。只要人民需要学习，你们就有责任去教育他们。你们要把所得到的给予他人。"

圣约翰大学,坐落于上海曹家渡附近苏州河以南的一块三角洲上,最初校园面积仅80亩。经过卜舫济的苦心经营,到1937年,学校一共买进了300余亩土地,建造了大小45座教室,错落有致,绿树成荫,还有大片可供打高尔夫球的平整草地和举行田径赛的运动场。校园内空气清新,景色如画。卜舫济的住宅是一座白色的小洋房,被学生们称之为"白宫"。卜舫济确实是名副其实的"白宫"主人,统治着圣约翰长达半个世纪之久。他将圣约翰办成一所培养以商业人才为中心的著名高等学府。

毋庸讳言,一些教会大学的传教士们确实同西方殖民主义和所谓"为基督教征服中国"的宗教狂热分子有过不同程度的联系,做过许多伤害中国人民感情和侵犯中国主权的事情。正因为如此,教会大学曾引起众多国人的反感,被长期称为帝国主义侵略中国的"文化殖民地"。但时至今日,我们已可以不再简单地以绝对地好或绝对地坏来评判教会大学在近代中国的地位和作用。

教会大学在它开办之初虽然设有宗教课,但还开设了大批文化科学课程,这是与中国传统的学塾或书院不同的。它既传播基督教又传播西方的科学文化知识。随着历史的发展,宗教课与文化科学课所占的分量也有所变化,到20世纪30年代前后,教会大学先后取消强迫学生参加宗教活动的规定,宗教课改为选修课。大学的专业,从神学科、文理科、医科,逐渐增设教育科、农科、法科、社会学科、工科、商科,从宗教扩大到世俗。在中国教育史上，教会学校是最早引进西方的教育制度、西学课程和教学方法的。近代学校教育的班级授课制与实验方法，均是由教会学校最先开设的。教会学校还鼓吹男女平等思想，开设女学，反对缠足，否定传统的旧观念、旧习俗。教会大学引进和开辟的新学科，在女子高等教育、医科、农科等领域起了先导作用，对近代中国的高等教育现代化作出了贡献。19世纪末和20世纪初，在废科举、兴学堂的热潮中，许多地方都向教会学校借鉴办学经验。张之洞在湖北兴学之初就派梁鼎芬到文华书院（即后来的华中大学）了解学堂的体制和方法；山东巡抚袁世凯曾请文会馆（即以后的齐鲁大学）校长赫士到济南筹建山东大学堂；浙江求是书院开办之初，从育英书院（即之江大学）请来美国传教士王令赓为总教习。

　1927年南京国民政府建立后，教会大学相继向中国政府注册立案。中国政府也将其同国内一般私立大学同等对待，并且逐步建立起比较正常、协调的关系。例如，金陵、岭南的农业改良曾得到政府的定期资助。燕京的乡村实验区也得到各级政府的支持。30年代后教会大学更加速了中国化过程。1923年前后教会大学的中外教员人数大体相等，1932年中外教师之比改为2：1，1936年更改为4：1，说明中国教职员人数正在不断增加。同时，教会大学在经济上对外国教会的依赖逐渐减少。如金陵大学经费来源，原来是美国创办人担负65%，中国董事会担负35%。以后则在学费收入与政府补助两方面逐年增加，仅1934年为金陵大学建筑图书馆，政府即拨款 10 万元。与此同步进行的，则是教学水平的不断提高。如农、商、新闻、社会学、图书馆、电化教育等专业，一些教会大学都分别处于全国领先地位。

从学校规模而言，教会大学在 20 年代也有明显发展。1922 年教会大学在校学生总数不过 2000 人，1926 年增加到 3520 人。到 1936 年，教会大学在校学生总数已达 7000 人，比 10 年前又增加了一倍，占全国大学生总数的 12%。根据 1937 年统计，在已毕业的 1 万名教会大学学生中，3500 余人从事教育（其中 2/3 执教于教会学校），500 余人从事宗教与社会工作，100 余人任牧师，近 700 人从事医务工作，300 余人以法律为业，近 900 人服务于公用事业，只有少数人经商。1936～1937 年，有 1100 余人从事进一步研究（包括研究生），其中约 300 人留学海外。

当 20 世纪 20 年代，非基督教运动在中国蓬勃发展的时候，曾毕业于金陵大学的著名教育家陶行知则对此提出不同看法，他认为教会办学"善意帮助与侵略者皆有，不能一概抹煞"，教会大学与教会所办的中、小学应予以区别，办大学则"不足以迷惑学生"。他以自身为例，指出"出身教会学校，然自问对国家无愧"。中学以下学校则因学生年幼另当别论。至于"外人籍学校实行侵略经调查确实者，应由政府勒令停办"。陶行知这种卓然独立、实事求是的态度，显然是建立在他早年的亲身经历和直接感受上的。

不可否认，教会大学传入西方文化，是中国传统文化的破坏者。但是，教会大学在输入西方文化的同时，也扩大了中国人的眼界，引起中国人对传统知识系统的怀疑，从这一点上说它又是西方文化的传播者。因此，对教会大学在近代中国大学教育史上的地位和作用，我们应一分为二地看待。

 大学院与大学区制的尝试与失败

自民元以来，中央政府一直设有教育部，作为教育行政的最高领导机构。国民政府定都南京后，著名教育家蔡元培等人鉴于过去北洋时代，教育行政经常横遭干涉，教育部成为腐败官僚机构，建议政府仿效法国教育制度，改用大学院和大学区制。

概括地讲，大学院即是全国的最高学术教育机关，管理全国学术和教育的一切行政事宜。大学院下设大学委员会，为大学院的最高立法机关，由各国立大学校长、大学院教育行政处主任、国内专门学者等人组成。同时，在中央取消教育部，保持教育对政府的相对独立性；在地方各省，则实行大学区制，废止各省教育厅，以各省国立大学为教育行政机关，大学校长总理区内一切学术与教育行政事宜。大学区设评议会，为本区立法机关，管理区内大专学校、公立中小学校及社会教育的一切事项。

1927 年 6 月，南京国民政府任命蔡元培为大学院院长，总理全院事务。一个月后，大学区计划得以实施，并决定先在浙江、江苏两省试行，以蒋梦麟为第三中山大学校长（浙江），张乃燕为第四中山大学校长（江苏）。1928年6月，国民党在二次北伐中攻克北京，改名北平。7月，国民政府决定设立北平大学区，以李石曾为中华大学校长。

第三中山大学，是将原浙江省立工业专门学校和农业专门学校合组而成的。南京国民政府成立后，为纪念孙中山先生，曾先后在国内建立了一批中山大学。因杭州是北伐军攻克的第三座历史文化名城，故在其之前冠以"第三"二字，称国立第三中山大学（即浙江大学）以有别于广州的中山大学（即第一中山大学）、武汉的第二中山大学（即武汉大学）、南京的第四中山大学（即中央大学）。

第四中山大学，是将东南大学、河海工科大学、上海商科大学、江苏法政大学、江苏医科大学以及南京工业专门学校、苏州工业专门学校、上海商业专门学校、南京农业学校等江苏境内九所大专院校合并而成的。

中华大学，是将张作霖掌权北京政府时代的京师大学校更名而来，而京师大学校，则是以北京大学为主合并北京师范大学、北京女子师范大学、北京女子大学以及北京农、工、医、法政、艺术专科学校等九所国立大专院校而成。后因北大的反对和北平大学区的建立，中华大学更名为北平大学，又合并了天津的北洋大学、保定的河北大学。北平大学区实际负责北平、天津两市和河北、热河两省。

蔡元培等人提出和推行大学院制与大学区制，其目的是改变教育行政的官僚腐败气息，使教育独立、教育学术化。该体制从理论上讲具有以下三个优点：一是体现了教育家办教育的原则，这比"尽敷衍表面而无实际心得的官僚化的教育厅"来管理地方教育行政要好得多；二是实施大学区制可使区内大、中、小学教育打成一片，由大学校长对区内中小学进行指导考核，使基础教育和高等教育更好地衔接，有利于提高区内教育水准；三是以大学兼作地方教育行政管理机构，可凭借大学人才、设备较为集中和齐全的优势，促进本地区文化学术和教育行政的均衡发展。

应该说大学院和大学区制贯彻了教育机构学术化和学人管理教育行政的精神。它作为对旧教育制度改革的一种尝试和探索，有其一定的积极意义和值得借鉴之处。特别是它拥有独立于各级政府之外的立法权和决策权，这是对近代中国陈腐官僚机构的一大冲击。但该体制由于刻意模仿西方制度而未从中国国情出发，尤其是希望将作为上层建筑的教育事业，完全脱离社会政治和经济而独立存在的幻想，在当时的社会是根本不可能办到的，这就注定了它必以失败而告终的结局。

1928年，国民党颁布了国民政府组织法，决定实行五院制，即国民政府下设行政院、立法院、司法院、考试院和监察院。大学院因与政府组织法相悖，首先取消，并于同年10月在行政院下设教育部。

事实上，大学区制自颁布之日起就招致各地的极力反对。第四中山大学区中等学校联合会出于对大学区制的不满，在 1927 年试行初期，就呈请国民政府确立"中等学校治标治本办法"。第二年 6 月，该会又呈文国民政府，历陈大学区制度的缺点，认为这种采用学术机关与行政机关合二为一的大学区制，只能使清高的学府变为政客角逐的场所，并以大学区制"受政潮牵涉，经费分配不公，行政效率变低，影响学风，学阀把持学校"等为缘由呈请国民党中央全会"主持公论，设法改进"。

北平大学区更是引起了各方面的强烈反对，自成立之初，几乎天天在扰攘之中，无一日宁息。首先是北大、北师大、女子大学等校，坚持反对并入北平大学，引发了一系列的风潮。

1928 年 11 月初，北平大学区刚刚成立，17 日，北京大学师生即宣布停课护校。除组织武力护校团打走接收人员外，并于 29 日举行示威游行，冲入大学区大学校长办公处，捣毁室内门窗，并将门外所悬牌匾砸坏。李石曾最后被迫采取妥协折中的办法，规定北京大学的原有组织系统保存不动，内部人事和教学计划仍按原制度办理，不受北平大学干涉，经费则由北平大学按月划拨，仅将校名改为一个不伦不类的名称"北平大学北大学院"。

原来由女子师范大学因反对杨荫榆风潮而分出的一部分学生，另行成立了女子大学。由于进步教授鲁迅、许寿裳等人的努力支持，办得很有声誉。北平大学的并校计划，原拟将女子大学置于拆散之列。女子大学学生坚决反对，要求保持独立。最后大学委员会被迫答应学生的要求，不拆校，不并入北京师范大学，改称为"北平大学女子文理学院"，风潮才得以告一段落。

北京师范大学学生在北平大学区酝酿成立时，也发动了护校运动，反对并入北平大学改为师范学院。学生还曾一度举行示威游行，并将北平大学区校长办公处大门外贴上封条。北京师范大学风潮在北平大学区试行期间，始终未能得以彻底解决。

由于各方面的反对，1929 年 7 月 5 日，国民政府教育部明令："北平大学区、浙江大学区限于本年暑假内停止"，中央大学区"于本年底停止"，并将各大学区教育行政院恢复为各省教育厅。中央大学和浙江大学仍依照原来计划办理，并无变更。至于北平大学本部，教育部宣布恢复北京大学、北京师范大学和北洋工学院（筹备恢复北洋大学）三校，其余各学院仍合组为北平大学。

南京政府时期的大学教育

自五四运动以来，中国教育界进行了一系列改革，特别是 1922 年新学制的颁布，学校教育制度逐步走上正规化，各种新教育思想广泛传播，特别是大革命运动又猛烈冲击了帝国主义和封建势力对教育界的影响，给教育界带来了新气象。这些在国民党执政的最初几年间仍产生着巨大影响。国民党从其自身利益出发，也认识到教育工作的重要性，因而致力于发展教育。

所以，自 1927 年南京国民政府成立后的 10 年间，高等教育事业仍有较大的发展。

南京国民政府成立前的 10 年间，大学在数量上的发展异常迅猛。1917 年，全国大专以上学校已达 84 所。按照 1922 年颁布的新学制规定，单设一科的学校也可称为某科大学，于是引起专门学校的升格运动。此后国立大学既有增加，私立大学也增加不少，而各省有各设一省立大学的趋势。因此，有人称这一时期为"大学热时期"。

"大学热时期"，学校数量固然增加较快，但教学质量和内部组织管理却相当混乱。对此，国联教育考察团曾专门指出："大学热时期"，"大学发达之速度，超过其组织，无稳定基础之大学，遂相继以起，因而高等教育所必要之经费，及合格教师之供给，均感不足"。但是，国民政府成立初期，并未注意到这一问题，反因加强自身统治的需要，而在各地充置中山大学，如广东中大、武昌中大、浙江中大、南京中大、河南中大、湖南中大、兰州中大、陕西中大，省、私立大学也争相改组或筹办。仅上海一地的私立大学，一时如风起云涌，纷纷创立，其中有郑毓秀所办的法政学院，褚辅成、沈钧儒合办的法学院，更有何世桢、何世枚弟兄所办的持志学院，这几所大学只要交清学费，并不认真要学生上课，混过四年，不愁文凭不能到手，上海一概给以雅号曰"野鸡大学"。要骗取一张大学文凭，那时也以法科为最滥而最易。

1928 年南京政府统一全国后，开始着手整顿大学教育。同年 8 月，教育部颁布《大学组织法》和《大学章程》。取消单科大学的设置，规定必须具备三个学院以上，才能称大学。为此，教育部将整顿重点首先放在缩减现有大学数量，提高教学质量上，除前述试行大学区时，分别将浙江、江苏、北平、天津、河北等地国立高等院校合组为第三中山大学（即浙江大学）、第四中山大学（即中央大学）和北平大学外，另将原国立武昌大学、国立商科大学、湖北省立医科大学、湖北省立法政大学、湖北省立文科大学合并组成武昌第二中山大学（即后来的国立武汉大学）。这一举措，虽不是出于南京政府的原意，但在无形中却将原有的大学和专科院校加以合并裁减。

1929 年 6 月，教育部将省立山东大学和私立青岛大学合并为国立青岛大学。1932 年 7 月，更名为国立山东大学。1930 年 3 月，又将成都师范大学、成都大学及四川大学合并为国立四川大学。

在省立大学方面，教育部表示："各省办学趋势，多汲汲于大学之设立，未免缓急失宜"，因此，根据不同情况，要求各省立大学改组、停办或降格为学院。例如，贵州大学于 1930 年底遵令停办；山西大学被迫改组；要求降格为学院的有湖北大学、甘肃大学、陕西中山大学等校。湖北大学因广大师生反对，学校派人赴教育部据理力争才得以幸免。甘肃大学则被降为学院。陕西中山大学因校中无大学生，因而主动申请降为陕西省立高级中学。

除了裁并国立、省立大学外，国民政府也加强了对私立大学的管理，明令私立大学（包括教会大学）向政府立案注册。这一政策可以说是国民政府教育部在此期间取得的最显著的成就，特别是将独立于中国教育主权、有"国中之国"之称的教会大学纳入国家教育行政体系之内，尤有成效。1930 年 3 月，教育部颁布《改进高等教育计划》，明文规定：未立案之私立大学应克期立案，否则停办或封闭之，已立案者则随时派员视察，办理优良者将予以经费补助。最早完成立案手续的私立大学是厦门大学。教育部在办理立案过程中，对各私立院校的预算、教学设备、专业设置等规定了一系列最低要求，一些较小的学校需经过几年的努力，才能达到要求，完成注册。即使是办学相当完善的金陵大学，教育部仍责其"自然科学院之高深理化仪器及地质标本模型，尚欠完备"，对素有盛名的南开大学，亦责其"文科课目，尚欠完备，又理科教师，不足十人"等语。

对尚未立案的学校，教育部除严令停止招生取缔之外，还规定未立案的私立院校，不能享受公费补助；毕业学生不得享有立案学校学生之同等待遇，医学院学生无法获取行医执照，文学院学生不能担任中学教师等。对于达不到要求、不符合《大学组织法》或《大学规程》的私立院校，则加以整顿，或勒令停办，或予以降格处分，在此期间被迫停办的有华南、大陆、光明、新民、东亚、建设、艺术、郁文、江南等大学，由大学降为学院的有朝阳、华北、国民、福建协和等校。

1931 年 8 月，教育部针对未立案或已停闭的私立专科以上学校毕业生、肄业生学业程度太差，决定对这批学生进行甄别考试。全国分上海、北平、广州、武昌四区，每年举行一次，分别由考试地区的省市教育厅局组成资格审查委员会和甄别考试委员会办理，考试成绩报送教育部审核。不及格者，原校毕业证书社会不予承认。据 1934 年上海举办的甄别考试统计，在 3000 余名受甄别的"毕业生"中，准予毕业的仅有 23 人。

国民政府在对大学教育整顿中，首先注重大学数量的控制和质量的提高，教育部陆续裁减合并了一批公私立院校，并成功地将教会大学纳入国家教育行政体系中，的确取得了一些成绩。在新组成的大学中，中央、武汉、浙江等大学集中了当地一批原规模较小的院校，相互取长补短，发展很快，两三年的工夫，就已成为国内著名的高等学府。例如，南京中央大学在 30 年代初，已发展为拥有文、理、法、教、工、农、商、医 8 个学院的综合性大学，成为当时全国院系设置最全、规模最大的大学，也是国民政府执政 20 余年间唯一一所全部拥有《大学组织法》规定的 8 个学院的大学。

应该承认，控制大学数量的发展，提高教学质量的这一做法，在当时是相当可取的。但教育部在具体执行过程中，难免会有流于形式之处。对此，教育界人士就曾指出："大学法使不甘以独立学院自终的，都可以集合起来，取得大学的雅号……实际上不过在原有各校之上，加上一个必要的办事处而已。其结果，不但质的方面，不具有什么进步，即量的方面也不见得有什么变动。"甚至有的人还严厉地指出："现在中国国内的大学的分合添并，完全是人的问题，而不是理的问题。"这些指责也并非全无道理可言。

国民政府在整顿原有大学数量的同时，还提出着重发展实科教育的方针。1929 年 3 月，国民党第三次全国代表大会正式公布了《中华民国教育宗旨及其实施方针》，其中有关大学教育方针为："注重实用教育，充实科学内容，养成专门技术"。7 月，教育部公布《大学组织法》和《大学规程》，更是明确提倡发展实科教育。当时，立法院在讨论《大学组织法》草案时，针对原案第四条"大学须具备三学院，至少需有一学院为自然科学院或应用科学院"，曾引起很大的争论。反对者认为社会科学与自然科学应一视同仁，而且限定大学必具自然科学院，将使大学的设立更加困难。赞成者则认为，此法可以提倡研究高深学问，并严格考查不合格要求的"野鸡大学"，且有此条，并不忽视社会科学，无此条，则将妨碍自然科学的发展。结果赞成该法案者以 13∶11 险胜。

自 1929 年《大学组织法》颁布后，文、商、教三科招生变化不大，法科招生则呈锐减趋势，1930～1936 年，法科所招新生比例由 42.3% 下降到 19.7%，不足原来的一半。而实科类的理、工、农、医四科，在这 7 年中，均有较大幅度的提高，1936 年比 1930 年分别增长 72%、69%、63%、125%。

实科类学生人数的增加，不仅是由于教育部的重视，也同当时社会经济发展的需要密切相关。特别是南京国民政府统一全国后，国家经济建设发展较快，对各类专业技术人才需求激增。30 年代初期担任教育部部长的罗家伦就曾在一次演讲中指出："几年来，青年投考理、工、农三科的人，比较考文、法的人来得多，北方的大学有此现象，南方的大学也有此现象……这还是因为近年政府东设农场，西设农场，南造公路，北造公路的缘故。"

南京国民政府注重实科教育的努力，的确取得了一些成就。但与此同时，为了加强其自身统治的需要，自政府成立之初便不断加强对广大学生的思想控制。

1927 年 8 月，南京国民政府教育行政委员会制订了《学校施行党化教育办法草案》，指出："我们所谓党化教育就是在国民党指导之下……换句话说，我们的教育方针要建筑在国民党的根本政策之上。"1929 年 8 月，国民政府颁行《大学章程》中，即明确规定党义课程为各科共同必修课程。《私立学校规程》规定私立大学立案时，必须呈报党义课程的实施情况。其目的，就是借此"统一全国思想，使全国民众切实认识本党主义、政纲、政策、贯彻以党治国为本旨"。同时，国民政府针对宣扬与之对立的思想言行，则采取严厉镇压方式。如 1929 年 5 月，国民政府就曾以宣布共产主义为由，封闭了华南大学、大陆大学。9 月，北京大学教授胡适因指责党义教育为"党八股"而遭到国民党中训部的训诫，中训部还为此通令全国各大学校长："切实督率教职员，详细精研本党党义，以免再有类似之之谬误发生"。

然而，具有讽刺意味的是，尽管国民党政权千方百计加强党化教育，规定各大学党义教师必须经过中央党义教师检定委员会审查派遣。但历年来各大学审查合格的党义教师数量却少得可怜，以 1932 年为例，在校学生总计 26719 人，党义教师仅有 26 人，平均每千名左右学生才"有幸"摊上一位党义教师。

政府对教育经费投入的多寡最能体现它对教育重视的程度。只有保证充足的教育经费，才能不断提高教育的发展水平。然而近代以来，中国的教育事业经常处于经费短缺的境地。1919 年以前，教育经费还"勉能维持"，而 1919 年以后，则开始"陆续积欠"。叶家炽在《军阀与教育经费问题》一文中，曾对此分析道："北洋时代教育经费短缺，原因在中央权威不立，军阀割据，军队挪占了大部分的教育经费。预算制议而不行或不能行，及省教育经费独立不彻底，使教育经费问题难以解决。"

国民政府建立最初的两三年间，由于国内尚未完成统一，其自身统治范围仍很有限，教育经费问题仍然是一个十分棘手的问题。到 30 年代初，国民政府基本完成国内统一后，仍不断扩大军费开支，加强对中共红军的"围剿"，更是加剧了教育经费的拖欠。特别是随着日本帝国主义不断扩大其侵华范围，国难日深，而国民党仍一味地执行"攘外必先安内"的政策，引起了广大师生的强烈不满，学生爱国运动风起云涌。

在广大爱国学生积极投入救亡运动的同时，针对政府拖欠教育经费问题亦曾引发起大规模的学潮，从而导致教育部一度勒令北京师范大学和中央大学停办的事件。

当时胡适等人主编的《独立评论》就曾发表了一篇《论学潮》的文章，该文指出："师大与中大近来校长问题背后都是经费问题"，而"政府如有诚意收拾学潮，整顿学风，第一件任务应该做到不拖欠教育经费"。

经过这一系列学潮的冲击，国民政府被迫决定彻底解决教育经费问题。1932 年 7 月，行政院发布的《整饬教育令》中，也不得不公开承认："推学潮之因，固有多种关系，近年来，政府因种种窒碍致学款常有稽延，各级教育机关对于办学人员及教师之选择亦每欠审慎……两项情形互为因果……政府有鉴于此，爰议定以最大之决心厉行整顿，对于经费决予宽筹，务期不致延欠，并于可能范围内，逐渐独立保障之实现。"

此后，公立大学教育经费问题基本得以按时发放。

同时，国民政府不断提高对教育的投入。1930 年时的教育经费只占国家总预算的 1.46%，到 1935 年时教育经费所占比重增长了 2 倍多，达到国家总预算的 4.8%。1934 年 5 月教育部又通过了《补助私立专上学校分配大纲》，决定每年拨出总数为 72 万元的教育经费，补助已立案且办理优良而经费困难的私立大学。

1936 年 10 月，教育部部长王世杰在谈到教育经费问题时，曾感叹道：教育进步之迟滞，教费问题是一大原因，教费与岁出预算所占比例，三四年来，岁有增加，则为可喜之事实。且"尤有一事，吾人极引为安慰，即四年以来，中央直辖各校之经费，从未拖欠，此实民国以来空前之记录。高等教育之整理工作，倘稍有成就，此为主要原因"。著名历史学家郭廷以也曾说过："1932 年以后，教费从不拖欠，教授生活之安定为二十年来所未有……1937 前五年，可以说是民国以来教育学术的黄金时代。"

三 抗战时期大学的内迁、 恢复和发展

　　八年抗战是中华民族反抗日本帝国主义侵略，争取民族独立和解放的一曲悲壮的诗篇。这场战争，曾给中华民族带来空前的创伤和巨大的牺牲，也使全体中华儿女空前地团结振奋，英勇杀敌，终于取得了最后的胜利。八年间，中国的大学教育也备受敌人侵略之摧残。然而，各高等院校的广大师生，并没有屈从于日寇的铁蹄。他们纷纷内迁大后方，团结奋进共度时艰，与神圣的反侵略战争相始终。在敌人炮火的威胁下，中国的大学教育不但没有被摧毁，反而得到了恢复和进一步的发展。

 ## 日军对中国大学的摧残

　　抗日战争爆发前，中国的大学布局十分不合理。不论是公立、私立还是国外教会主办的大学，绝大部分均集中在东南沿海地区，尤其集中在北平、上海、天津、南京和广州等几个主要城市。据统计，战前全

国共有高等院校 108 所，仅平、津、沪三市就占了 46 所，在校学生占全国总数的 2/3 左右。"我国易受敌人攻击之区，多为学校文化中心。"全国大学的这种布局，在面临大规模的战争时是十分不适应的。

七七事变爆发后，日本帝国主义开始了全面侵华战争。在军事进攻的同时，日军还对我国的高等院校和文化机构进行有计划、有系统地摧残。日军派出大批飞机对华北、华东等地的高等院校进行狂轰滥炸，中国的高等教育面临着一场浩劫。故都北平沦陷后，日军即开进北京大学、清华大学，美丽的校园成了敌人的马厩、兵营、伤兵医院。北京大学的红楼一度成了日寇的宪兵队队部，地下室被用做囚禁迫害爱国志士的牢房。北京大学的图书、仪器和教具大量被毁，仅此一项损失即达 60 万元之巨。

在天津，南开大学成了日机轰炸的主要目标。据中央通讯社当时从天津报道：7 月 30 日下午 2 时，"日炮队亦自海门寺向南大射击，其中四弹，落该院图书馆后，刻已起火"。"两日来，日机在天津投弹，惨炸各处，而全城视线，犹注意于八里台南开大学之烟火。缘日方因二十九日之轰炸，仅及两三处大楼，为全部毁灭计，乃于三十日下午三时许，日方派骑兵百余名，汽车数辆，满载煤油到处放火。秀山堂、思源堂（均系该校之课堂）、图书馆、教授宿舍及附近民房，尽在烟火之中。烟火十余处，红黑相接，黑白相间，烟云蔽天，翘首观火者，皆嗟叹不已。"经此浩劫，整个校园几乎被夷为平地，师生财物殆尽，大批珍贵图书被日军掠走。30 日，日本外务省发言人在东京接见外国记者，也承认对南开大学进行了野蛮轰炸，但同时又狡辩说："纯因中国军独立第 26 旅凭借南开大学攻击日租界。"之后，日军占领了南开大学。从此，南开大学遭受了日本侵略者长达八年的蹂躏。河北女师、河北工学院亦同时遭到日军的轰炸。

在华东，南京和上海是日军的轰炸重点。上海各大学的损失尤为惨重。八一三事变后，日军飞机就接连轰炸位于吴淞的同济大学。9 月 3 日，《大公报》曾严正指出："同济大学位置，远在吴淞镇北，在军事上实非重要，即我军方面，亦无利用该校作战之事实，日军如此破坏"，"实不啻对整个世界文化宣战，狰狞面目，暴露日显"。仅据市政府社会局在上海沦陷前的 10 月 15 日的调查统计，各大学损失即达 6623159 元。同济大学、光华大学、上海法学院、商船学校、东南医学院全部被炸毁；复旦大学、持志学院、同德医学院大部被毁；暨南大学、大同大学、正风文学院局部被毁；沪江大学、音乐专科、市立体专校舍均被日军占领。上海商学院 1935 年刚刚建成的图书馆，书库大楼高三层，藏书 2 万多册，主要馆舍被敌人炮火击中，除小部分重要图书于战前迁出，大部分书刊随楼毁于战火。复旦大学仙舟图书馆馆藏图书达 5 万多册，钢筋水泥"工"字形二层宫殿式建筑亦毁于炮火。

根据国民政府教育部 1938 年 8 月底的调查统计，由于日军的入侵，全国 108 所学校中，被破坏的达 91 所，占大学总数的 84%，有 14 所大学全部被破坏，15

所学校虽屡遭敌机的轰炸，仍勉强支持，另有破坏严重的 25 所高校被迫停办。抗战爆发前，全国各大学共有教师 7560 人，职工 4290 人，在校生 41900 余人。战争爆发后，受战乱影响的教工约有 2000 人，学生则多达 2 万余人。至于战火所造成的财产损失，包括校舍、图书仪器、教学设备等即达 3360 余万元的惊人数额。然而，各大学数十年积累下来的大量科研文献资料，例如，南开大学调查华北地区的研究资料、清华大学搜集的中国近代史档案、北京大学珍藏的中国地质研究文献，都是极其珍贵而今后又无法收集弥补的资料均毁于战火，其价值实在是不能以金钱来衡量的。诚如国民政府教育部指出的："此项之损失，实为中华文化之浩劫。"

日军对我国高等教育机构的残酷摧残，激起了全国教育界的极大愤怒。南开大学遭受轰炸的第二天，校长张伯苓即对《中央日报》发表谈话："敌人所能毁者，南开之物质；敌人所不能毁者，南开之精神。"中山大学校长邹鲁庄严表示："敌人轰炸之弹愈烈，吾人之敌忾愈炽。"8 月 31 日，中央大学校长罗家伦即向日内瓦"国际知识合作委员会"陈讼日军暴行。11 月 11 日，浙江大学、交通大学、暨南大学等大学校长联名致电在比利时开会的九国公约各国代表，要求对日本摧残中国文化的暴行施以制裁。11 月 5 日，我国教育界领袖蔡元培、张伯苓、胡适等 102 人联合发表长篇宣言，历数日本侵略者破坏中国教育机关之罪行，呼吁世界爱好和平的人们对日军暴行"协同我国一致谴责"。

日本侵略者肆意要消灭中国的文化教育事业，但是纵在日寇飞机大炮的不断摧残之下，中国仍奋发兴学。上海教授作家协会，就在"八一三"的炮火之下创办了战时大学，设校址于威海卫路13号；田汉、钱杏邨等著名文化人创办了新中国大学，校址设于新闸路1750号；在陈立夫的积极推动下，战时建设大学也建立起来。

然而，随着战火的不断扩大，东南沿海的一些主要城市相继沦陷。在沦陷区，一些教会大学因多在海外注册，有欧美关系，如北平的燕京大学、辅仁大学和协和医科大学仍得以继续开学。上海各大学，除早就设在租界内的学校损失较小外，其他租界以外的大学，纷纷暂时迁进租界，以避战火。甚至连原在杭州的之江大学和南京的金陵大学、金陵女子学院也有部分院系被迫迁入上海租界。但是沦陷区内的广大公立、私立大学不可能都求得外国势力的庇护。刚刚遭受日军炮火破坏之后，又将陷入被敌伪接管、霸占的危局。中国的高等教育面临着被摧毁、被中断、被敌利用的危险。

内迁西北、西南

"起来，不愿做奴隶的人们，把我们的血肉，筑成我们新的长城。"位于战火前沿的广大爱国师生，不甘做亡国奴。他们同仇敌忾，共赴国难。为了打破敌人毁灭我国高等教育之毒计，保存我民族教育之国脉，在敌人炮火威胁下的高等院校纷纷辗转内迁西南、西北大后方，在异常艰苦的条件下继续教学。各大学内迁之艰辛、悲壮，让人感叹。

在整个抗日战争期间，东南沿海各地大学的内迁运动，几乎从未间断过，大致可分为三个阶段。第一阶段：从1937年8月到1939年初。这是日本侵略军的战略进攻阶段。东南沿海各大学中，除部分外国教会大学保持中立和少数就近迁入欧美租界的大学外，其余绝大多数高校或迁往西南、西北，或迁往附近山区暂时维持。第二阶段：自1940年下半年至1943年春。这一时期由于英美与日本关系日趋紧张，形势日益恶化，特别是1941年12月爆发的太平洋战争，致使上海租界和香港等地沦入敌手，华南各地岌岌可危。许多教会大学和原迁入租界或暂时避居华东、华南山区的高等院校，又陆续向西南大后方迁移。第三阶段：自1944年至1945年。这一时期，日军为打通大陆交通线，发动了豫湘桂战役和黔南战役，造成大片国土沦于敌手，致使原内迁分散在广西、云南、贵州等地的高校，被迫再次迁入四川境内。

平津沦陷后，国民政府教育部采取紧急措施，命平津两地的六所大学分别内迁到长沙、西安两地，组成长沙临时大学和西安临时大学。

长沙临时大学是由北京大学、清华大学和南开大学组成。1937年8月在南京成立筹备委员会，以北京大学校长蒋梦麟、清华大学校长梅贻琦、南开大学校长张伯苓为筹委会常委，教育部部长王世杰为主任委员。筹委会一成立，即迅速办理校址勘定、科系设置、师资招聘、学生收受以及新设备之置设等事宜，并派专人前往长沙进行具体的筹备工作。三校内迁工作进展顺利。10 月 18 日，三校学生即开始陆续报到。当时采取报纸广告、电报、个人信件等方式，通知各地师生到长沙上课。接到通知的，都千方百计奔赴学校。10 月 25 日，长沙临时大学正式开学，到校学生 1400 余人（内含借读生 300 余人），到校教师 150 余人。

北京大学、清华大学、南开大学三校原来院系较多，此时进行了若干调整归并。如历史、社会学合为一系；哲学、心理、教育合为一系；地质、地理、气象合为一系。全校共设文、理、工、法商 4 个学院、17 个学系。集全国第一流学者于一起，教授阵容格外强大，文学院院长冯友兰、理学院院长吴有训、工学院院长顾毓琇、法商学院院长陈序经。各系主任也均由一流学者担任，如中文系朱自清、外文系叶公超、哲学心理学系冯友兰兼。

为应付战争的需要，三校在原有课程的基础上，增加了一些科目，理工学院增添了化学战争、堡垒工程、当代工业三门服务于战争的课程；文学院增添了国际形势、国际概论等课程。此外，学校还增加了军事训练。学生都穿上草绿色的军装，还发给绑腿和大衣。

临时大学的创设，正值抗战初起，举国振奋的时候。虽然学校的物质生活和教学设施异常贫乏，但临时大学的学生仍努力学习；教授们预备功课，更是特别起劲。开办初期，临时大学还广泛聘请社会各界名流到校讲演，其中有八路军驻长沙办事处负责人徐特立、刚刚出狱不久的陈独秀、国民党高级将领陈诚以及著名新闻界人士、《大公报》主笔张季鸾等。他们讲演的内容虽多为预测国际形势，分析抗战发展前途，但由于政治立场不同，思想观点各异，引起同学们的极大兴趣。这也反映出当时校方"兼容并包"的传统学风。因此，有人称："这个在搬迁中的临时大学，设备虽然简陋，大家却那么富有朝气。而生活愈简单，作事的效率便愈高，纠纷也愈少。"而且三个学校合在一起，"短长互见，可取长补短；而人材集中，也为任何一校所不及"。

临时大学在长沙只进行了一个学期的教学工作。1937年12月，首都南京沦陷。日本侵略军自华北及长江一带步步进逼，日军还不断派出飞机对长沙进行轰炸，局势异常紧张。于是长沙临时大学又奉国民政府教育部之命，决定于1938年2月迁往云南昆明。

2月中旬，长沙临时大学开始搬迁。学校制定了两路入滇计划。一路由校本部、女生及年老体弱的师生组成，经粤汉路至广州，取道香港至越南海防，而后经由滇越路进入云南。另一路则由身体强壮的教师和男生组成"湘粤黔滇旅行团"，徒步前往昆明。参加旅行团的学生共244人，教师11人，并聘请国民党中将黄师岳担任团长。全团分两个大队三个中队，实行军事管理。这次旅程长达3360华里，途经湘、黔、滇三省。其中除长沙至益阳一段乘船、沅陵至晃县一段乘车外，其余均系步行。除去乘船、坐车及休整的时间，实际步行40天，每天平均行程65华里，行程最长的一天竟走了95华里。经两个多月的行程，旅行团终于在4月28日胜利抵达昆明。战时曾出任驻美大使的北京大学教授胡适当年曾这样盛赞道："临大决迁昆明，当时有最悲壮的一件事引起我很感动和注意：师生徒步，历68天之久，经整整三千余里之旅程。后来我把这些照片放大，散布全美国。这段光荣的历史，不但联大值得纪念，在世界教育史上也值得纪念。"

长沙临时大学迁到昆明后，正式更名为国立西南联合大学。三校原来各有自己的学风，自敌占区迁出后，在很短的时间内就融合在一起，迅速步入正轨，并形成了独特的联大精神。可以说，三位校长的精诚团结起了关键作用。当时北京大学、清华大学是国立的，而南开大学是私立大学。由于张伯苓是我国著名的教育家，主持南开校务20余年，南开大学在社会上也有很好的声望。蒋梦麟同张伯苓是多年的好友，他长期担任南开大学校董会董事，参与南开大学大政方针的商议。因此，张伯苓不在昆明时，能对蒋说"我的表你戴着"（意即你代表我）。张伯苓又曾任清华学校教务长及清华大学筹备顾问，而梅贻琦从15岁起即随张伯苓在严氏家馆读书，又是南开中学第一届第一班最优秀的毕业生，对母校始终抱有眷恋之情，所以三位校长能够团结合作，亲密无间。三校师生水平也大体相当，他们自尊自爱，谦恭相待，正如有的教授所称："大家彼此竞争，不仅希望个人好，而且更希望别人好。"同时国民政府在抗战初期对三校的合作也相对重视。当南开大学遭到日军的蓄意轰炸和破坏的第二天，蒋介石即在庐山召见张伯苓、胡适、梅贻琦等人。张伯苓痛心30余年的心血被日军毁于一旦，蒋介石当即安慰张伯苓道："南开为中国而牺牲，有中国即有南开。"这些因素构成了三校的特殊关系，在处理问题时，大家都能够顾全大局，相互尊重和谦让，成为抗战时期联合办学的典范。

> 万里长征，辞却了五朝宫阙。暂驻足衡山湘水，又成离别。绝徼移栽桢干质，九州遍洒黎元血。尽笳吹弦诵在山城，情弥切。
>
> 千秋耻，终当雪。中兴业，须人杰。便"一成三户"，壮怀难折。多难殷忧新国运，动心忍性希前哲。待驱除仇寇复神京，还燕碣。

这是当年西南联合大学的校歌。它概述了联大内迁的时代背景，更抒发了联大师生热爱祖国和抵御外侮的豪情壮志。

西安临时大学是由北平大学、北平师范大学、北洋工学院三校组成的。筹委会分别由三校校长徐诵明、李蒸、李书田和教育部特派员陈剑翛组成常委会代行校长职责。11月15日，西安临时大学正式开学。当时许多滞留平津的师生，得知学校在西安开学的消息后，由于华北陆路交通断绝，纷纷冒着被日军搜查捕讯的危险，进入天津英、法租界，然后搭乘英国客轮经大沽入渤海，抵达山东的龙口或青岛上岸，急奔西安，先后到校学生1472人。

由于西安城不断遭到日军飞机的轰炸，1938年3日，西安临时大学决定迁往陕西城固。4月3日，临时大学接教育部令："为发展西北高等教育，提高边省文化起见，拟令该校院逐渐向西北陕甘一带移布，并改称国立西北联合大学。"

西北联合大学成立后，未能像西南联合大学那样团结合作，取长补短。实际上三校仍为联合性的临时大学。当时，联大校本部设在城固县城内的考院和文庙。在考院的大影壁上虽黑字白底大书"国立西北联合大学"八个大字。但在入门处仍分别高悬着"国立北洋工学院"、"国立北平大学"和"国立北平师范大学"三个学校的校牌。原北洋工学院院长李书田虽是联大四常委之一，却一心致力于恢复北洋大学。他同当时的教育部部长陈立夫都是原北洋大学的毕业生，因此，他的要求得到陈的支持。身为教育部特派员的陈剑翛，本应起维护平衡的调节作用，但他目睹三校之间各自为政，矛盾重重，一人单枪匹马，也无济于事。于是，他干脆辞去西北联合大学常委职务，到湖北出任教育厅长。此后，三校无论形式和内容都保持着各自的独立性，甚至连师生也都佩戴各校原来的校徽。

1938年7月，教育部再令西北联大各学院独立。联大医学院、农学院和师范学院分别独立为西北医学院、西北农学院和西北师范学院。由原北洋工学院、北平大学工学院合组的联大工学院，同东北大学工学院、私立焦作工学院合组为西北工学院。联大其余院系则改名为西北大学。从此西北联大一分为五，远不如西南联大影响之深远。

在华东，南京的中央大学，由于受国民政府的偏爱，可以说是战时大学内迁中损失最少，内迁最完整的一校。至于江浙及上海地区众多大学，由于缺乏统筹计划，在内迁中损失惨重。

中央大学校长罗家伦，当时担任国民党中央执行委员，早在1937年春中日关系日趋紧张时，他便得知中日之间必将一战，遂命人将准备用于学校扩建的木料制成550个大木箱，钉上铁皮，以备长途迁徙之用。七七事变爆发后，罗家伦即向蒋介石建议，把东南沿海的几所主要大学和科研机构西迁重庆。蒋接受了罗的建议，要教育部指令中央大学和浙江大学等立即迁往重庆。

八一三淞沪抗战爆发时，学校正值假期，大部分师生均离校过暑假去了，罗家伦立即发出函电，催促师生迅速返校，准备内迁。同时所有的图书仪器和教学设备，也开始陆续装箱准备起运。正巧四川省主席刘湘率大批川军请缨抗战，其中一路主力由民生公司轮运出三峡，经武汉开赴淞沪战场。罗家伦得知这一消息后，即请求民生公司总经理卢作孚，将该公司军运返川轮船装运中央大学图书仪器及教学设备。卢作孚是位深明大义的爱国人士，慨然应允中央大学图书仪器及教学设备由该公司负责无偿运抵四川。起运时有些大件设备不便装入客舱，公司不惜派员工打通仓位，以便装运。中央大学迅速完成了内迁工作。

到 10 月中旬，中央大学师生及图书设备都陆续抵达重庆沙坪坝。设于嘉陵江畔松林坡的新校舍自 9 月中旬开始破土动工，仅用 42 天即全部竣工。12 月 1 日，中央大学开始上课。从此，松林坡上空又升起了中央大学的校旗。

中央大学整个西迁过程中，最感人的要算农学院牧场大批良种牲畜的迁移问题。由于缺少运输工具，罗家伦离开南京前，特意给牧场职工发放了安置费，并表示：若敌军逼近南京，这些牲畜能迁则迁，迁不出就算了，学校绝不责怪。然而牧场工人不忍心这批良种牲畜落入敌手，他们在技师王酉亭的组织下，冒着敌人的炮火，将这批来自欧美的珍禽良种，以及教学必不可少的实验动物运出南京。途经苏、皖、豫、鄂四省，有时雇不到运输工具，他们就自行设法将鸡、鸭、兔类小动物装进笼子，驮在荷兰牛、澳洲羊、美国猪的身上，犹如沙漠中的骆驼队一样，有时一天只能走 10 余里。牲畜队历时整整一年，于 1938 年 11 月在宜昌乘船抵重庆。当中央大学师生在新校址再次见到这群从南京辗转万里来到重庆的牲畜时，就像异地见到了久别重逢的老友一样激动万分。罗家伦晚年回忆这段经历时，仍深情地写道："当我在沙坪坝街的中央大学畜牧场看到它们时，我的热泪也不禁夺眶而出了。""和这些南京的'故人'异地重逢，一面心中喜悦，一面也燃起了胸中国难家仇的无限感慨！"

南开大学校长张伯苓曾经戏称："抗战开始后，中央大学和南开大学都是鸡犬不留。"南开大学是被日军飞机炸得鸡犬不留；中央大学则是全部搬迁干净，连鸡犬都没留下。中央大学的西迁，不愧为战时高校内迁中的"得意之笔"。

在华南，随着京沪失守，日军加紧了对广州的进攻。国立中山大学奉命自行选择地点搬迁后方。由于学校事先准备不足，仓促搬迁，损失巨大，1938年10月，中山大学初迁广东罗定后不久，又决定改迁广西龙州。罗定师生溯西江而上，进入广西。途中校方再次改变目的地，决定迁往云南澄江。于是，大部分师生又经广西出镇南关（今友谊关）到越南河内，转乘火车经滇越铁路至昆明。另有数批师生进入广西后，即徒步经贵阳转昆明或经百色入云南。由香港动身的师生，则是乘海轮到越南海防登陆，经河内到昆明。那时的越南还是法国的殖民地，所有经过越南到昆明的师生员工及家属，都要办理出入境手续。许多人受到法国殖民者的种种刁难，至翌年3月下旬，中山大学师生共分16批800余人陆续抵达澄江。广大师生千里跋涉，一路忍饥挨饿，颠沛流离，尤其是负责押运工作的教工更为艰辛。当时参与押运图书仪器的图书馆主任杜定友教授，曾作如下记述：

西行痛志

使命：护送图书，脱离险境，由广州运至云南澄江。

行期：自中华民国二十七年十月二十日零时到二十八年二月二十二日下午五时三十分，凡一百一十五天。

行程：经过广东、广西、云南、香港、安南，停十八站，凡一万一千九百七十余里。

行侣：离广州时，同行中大图书馆同仁及眷属四十二人，中途离队者十四人。受重伤者一人，病故者一人，到达目的地时仅二十七人。

交通：步行、滑杆、骑马、公共汽车、自用汽车、货车、火车、木船、太古船、邮船、飞机。

饮食：餐风、干粮、面摊、粉馆、茶楼、酒店、中菜、西餐，甜酸苦辣。

起居：宿雨、泥屋、古庙、民房、学校、衙门、客栈、旅店、地铺、帆布床、木床、铁床、钢床、头二三四等、大仓，天堂地狱！

广州沦陷后一百三十天无县人杜定友泣记

由于国民政府在战争爆发前，对日本侵华战争的严重性、紧迫性和长期性估计不足，因而对全国高校的内迁工作未能及早布置，直至战火燃起，才仓促准备，造成了许多本可以避免的重大损失。国民政府也承认："当时平津京沪各地之机关学校均以变起仓促，不及准备，其能将图书仪器设备择要运内地者仅属少数，其余大部毁于炮火，损失之重，实难估计。"

全面抗战爆发后，国民政府虽对内迁的各大学进行了支持与扶植，但总体来看，仍缺乏强有力的领导和长远周密的计划，基本上是让各高校自筹搬迁，各奔东西，随遇而安，以致许多院校一迁再迁，颠沛流离，师生员工不断减少，图书仪器设备损失殆尽。

上海的同济大学，在内迁的院校中是动作最早的。但在八年抗战期间，仍辗转迁移达六次之多。七七事变爆发时，校长翁之龙怵于日人处心积虑，深信淞沪不能苟免，即率全校师生撤离吴淞原址，首迁上海市区；八一三淞沪战役开始后，二迁浙江金华；日军在杭州湾登陆后，再迁江西赣州；此后，随着战事的不断扩大，学校又四迁广西八步、五迁云南昆明、六迁四川李庄。

蒋介石是浙江奉化人，他对浙江大学是相当偏爱的。战前的浙江大学云集了一批海内外著名学者。气象学家竺可桢、数学家苏步青、生物学家贝时璋等人均可堪称国内各自领域的"开山鼻祖"。然而，浙江大学在内迁中也被迫辗转数次：先从杭州迁往浙东建德，继又迁到江西吉安和泰和，再又迁到广西宜山，最后迁至贵州遵义。在两年三个月的时间里五迁其居，跨越五省，行程5000余里。实可谓历尽了艰难困苦。

内迁中损失最惨的要数山东大学。到重庆后，全校师生所剩无几，只好暂时并入中央大学。截至1939年，内迁途中高校的财产损失即高达2249万余元。

战时内迁的高校，主要分布在四川、云南、陕西、贵州四省。其中四川最多，仅重庆一地就集中了25所内迁高校，如复旦大学、交通大学、东吴大学、沪江大学、中央大学、朝阳大学、之江大学文理学院、武昌中华大学、上海医学院、国立音乐学院、南京药学专科、中央工业专科、中央体育专科、武昌艺术专科、图书馆学专科等校。成都有内迁高校 7 所，多为原来东南沿海地区之教会学校，如金陵大学、齐鲁大学、燕京大学、金陵女子文理学院等，主要是由于成都原有的华西协和大学与上述各校都受同一个中国教会大学联合董事会管辖，便于寄居或借读。其他城镇，或因地方狭小，或因交通不便，往往只有一两所内迁高校寄居，如武汉大学迁乐山，东北大学迁三台，同济大学迁李庄。当时在重庆和成都的高校主要集中在四个地区：重庆的沙坪坝、北碚的夏坝、江津的白沙坝、成都的华西坝，号称"大学四坝"，闻名一时。据 1935 年统计，贵州全省当时没有一所大学。随着沿海地区的大学内迁，贵州一时也云集了众多著名学府，如浙江大学迁遵义，广西大学迁榕江，大夏大学迁赤水，唐山工学院迁平越，湘雅医学院迁贵阳。

抗战期间全国规模的高校内迁运动，前后持续了八年之久，几乎与中华民族神圣的反侵略战争相始终。其规模之大，历时之长，都是空前的。据统计，当时沦陷区的高级知识分子 90% 内迁大后方，中级知识分子内迁人数也达 50%。高校内迁运动虽然历经磨难，损失惨重，但它并没有被敌人摧毁。内迁后的广大爱国师生团结奋进，共度时艰，使我国的高等教育在战时得以维持、恢复和发展。

大学教育的恢复和发展

抗战初期，随着战火的蔓延，中国高等教育发达地区的东南沿海纷纷沦入敌手，众多学校被迫内迁。由此曾引发了一场有关战时教育方针的争论。有些人鉴于"国难日亟"，认为学校应服务于抗战，调整学科，开军事课。也有的认为教育应"以民众为对象，以本地社会情形为教材，以国家民族复兴为目标。如化学师生可从事军用品制造"。还有的提出"高中以上学校与战时无关者，应予以改组或即停办；学校师生应征服役，捍卫祖国；初中以下学生未及服役，可变更课程，缩短年限"的观点。这种观点在当时即遭到教育界一些有识之士的强烈反对，如重庆大学校长胡庶华认为："现代战争是参战国整个民族知识的比赛和科学的测验，大学的使命是高深学问研究和专门人材培养。纵在战时，仍不能完全抛弃其责任，否则不妨直截了当改为军事学校。"胡适给蒋介石写信，提出"国防教育不是非常时期教育，是常态的教育"。

根据当时的争论，教育部经详加考虑后，认为："抗战既属长期，各方面人材直接间接均为战时所需要。为了自力更生抗战建国之计，原有教育必得维持，否则后果将更不堪。如就我国兵源而论，以我国人口之众，当无立即征调此类大学生之必要。故决定以'战时需作平时看'为办理方针，适应战时需要，固不能不有各种暂时措施，但一切仍以维持正常教育为主旨。"蒋介石对此也发表谈话称:"目前教育上,一般辩论最激烈的问题,就是战时教育和正常教育的问题,亦就是说我们应该一概打破所有的正规教育制度呢?还是保持着正常教育系统而参用非常时期教育方法呢?……我们决不能说所有教育都可以遗世独立于国家需要之外,关起门户,不管外面环境,甚至外敌压境了,还可以安常蹈故,一点不紧张起来。但我们也不能说因为在战时,所有的一切学制课程和教育法全部可以摆在一边,因为战时了,我们就把所有现在青年都从实验室、研究室赶出来,送到另一种环境里无选择无目的地去做应急的工作。""我们这一战,一方面是争取民族生存,一方面是于此时期改造我们的民族,复兴我们的国家,所以我们教育上的着眼点,不仅在战时,还应该看到战后。"客观地讲,这些意见还是颇有见地的。

武汉、广州失守后,侵华日军因战线过长,其进攻势头相对减弱,抗日战争进入相持阶段。刚刚摆脱了艰辛旅途的内迁各大学,开始纷纷努力恢复正常的教学秩序。

当时,内迁院校面临的最大困难,就是校舍问题。有的大学迁往内地后,只好暂时租借当地学校的一些房舍或其他机构的房屋;有的甚至在庙宇、祠堂及一些废弃的陈旧古建筑中开学上课。如同济大学迁往四川李庄后,除一小部分校舍租用私人房屋外,大部分安排在镇上的庙宇中。当时学校总办公室在禹王宫,工学院在东岳庙,理学院在南华宫,医学院在祖师殿,图书馆在紫云宫，男生宿舍在东岳庙，女生宿舍在慧光寺。武汉大学迁往四川乐山后，勘定文庙、龙神祠、三清宫、李公祠、火神庙、露济寺、观斗山等房屋为校舍。

在解决内迁大学校舍问题上，原在内地的大、中学校给予了极大的帮助。西南联合大学借用的是昆华农校、昆华工校、昆华师范和昆华中学的校舍。华中大学迁到苍山洱海之间的喜洲镇后，得到了当地居民的热烈欢迎，顺利驻入原五台中学校舍。中央大学迁渝之初，重庆大学让出了 300 亩地皮才得以重新建校。

位于成都华西坝的华西协和大学，是一所校园宽广、校舍齐全的教会大学，自然成为众多内迁高校的目的地。金陵大学、东吴大学、齐鲁大学、金陵女子文理学院等教会大学纷纷请求迁往华西协和大学安身。国立中央大学医学院也恳请接纳。尽管华西协和大学校舍宽裕，但无法同时解决如此众多大学的食宿和教学用房。但华西协和大学广大师生一致认为在此非常时刻，有责任为内迁高校解决困难，使广大学生不致因此辍学。经校务会议决定，紧缩本校师生用房，并在校园附近租用一批房屋，竭尽一切努力接待各校的到来。太平洋战争爆发后，日军强迫解散了北平燕京大学。华西协和大学在校园已"饱和"的状态下，仍热情接纳了在大后方复校的燕京大学，为燕京提供了复校开学所必需的教室、实验室、图书、仪器等。华西协和大学校园一时竟成了七所大学的家园。

内迁各大学，因受战争环境的限制，不仅校舍非常简陋，教学设备也相当匮乏，广大师生的学习、生活条件都十分差。中山大学师范学院在澄江时给学校的报告称："本院各教室所用椅桌，均以木作柱，其上横置一板即为台，以土砖作基，其上横置一板即为凳。每桌四尺，按教室的大小而定多寡。宿舍内床铺均用木制辘架床，自修室兼膳堂，椅桌均以土砖为基，上置木板二块，用膳时用一面，自修时转用他面。"复旦大学在初迁重庆时，教室破烂，旧凳数量有限，不敷应用，使学生养成了早到的习惯。不然，迟到了就得在门外站着听讲。图书室是仅能容纳师生 20 多人的两间当街的小房子，成天嘈杂不堪，参考书籍、报纸杂志很少，用功的学生也得赶早抢先。由于当时当地还没有电灯，晚上除了宿舍可领到两人共盏的煤油灯外，全校其他地方都是一片漆黑，学生们只好在拥挤不堪的寝室内自学。英国著名科学家李约瑟博士在参观西南联合大学化学实验室时，曾感叹道："不幸的是如我在这里所看到的一切其他的化学实验室一样，工作受到药品缺乏的严重窒碍。""而药品的供应比较图书及期刊的供应似乎更有急迫的需要。"西南联合大学由于图书量太少，因此，学生抢借图书或过期不还而受学校处分的，约占当时违反校纪处分的一半以上。

尽管内迁高校都出现过校舍紧张、图书仪器奇缺的窘况，但广大师生怀着强烈的爱国热情，为了抗战大业，为了民族的生存，甘心忍受一切艰难困苦，坚持教学。虽然师生中也有个别醉生梦死者，然而更多的还是以学业为重，以抗战为重，体念时艰。如西南联合大学严格的教学风气给当年的学生留下了难以忘怀的印象。著名物理学家杨振宁在40余年后曾深情地回忆道："西南联大的教学风气是非常认真的。我们那时候所念的课，一般老师准备得都很好，学生习题做得很多。所以在大学的四年和后来的两年研究院期间，我学了很多东西。对我后来的工作有决定性的影响。"

战时，沦陷区的广大爱国青年不甘做亡国奴，他们纷纷背井离乡，来到大后方求学。为了保证他们能够顺利完成学业，1938年2月，国民政府教育部颁布了《公立专科以上学校战区贷金暂行办法》，规定：专科以上学校学生家在战区，费用来源切绝，经确切证明，必须接济者，可向政府申请贷金。贷金分全额、半额两种。全额依据当地生活费用及实际需要决定。学生毕业后，再将服务所得缴还学校。1943年以后，教育部取消贷金制，改为公费制。从这年起入学的新生，工学院、师范学院全部学生享受甲种公费（免学膳费，并分别补助其他生活费用）；理学院学生80%，文、法、商学院学生40%享受乙种公费（只免学膳费）。当时，大多数青年学子都是依靠贷金和公费制而完成学业的。据1939年教育部统计，全国学生有70%以上是靠贷金得以继续求学的。甚至私立学校的学生也可享受贷金制。1941年毕业于复旦大学的罗文锦曾回忆说："笔者时属武汉沦陷区流亡学生，确无经济来源，经申请批准，每月可领贷金法币8元，以6元缴纳学校伙食，剩下2元作零用。"当时8元钱的购买力还是相当高的，西南联合大学"学生的伙食费1938年每月7元，还可以吃到肉和鸡蛋"。

1940年以后，由于日本侵略者完全封锁了大后方通往境外的陆、海路交通，对外贸易一落千丈，直接影响了大后方的经济发展，加之豪门资本的强取豪夺、不法商贩的囤积居奇，从而导致大后方物价暴涨，货币贬值。各院校每月从政府领取的贷金经费虽改按实物计算（以每人每月规定的二市斗一升的食米和副食费为标准），但仍赶不上物价的飞涨。学生生活日益恶化，吃的是渗水发霉的黑米，菜是不见油盐的白水煮青菜。甚至有时候，学生还不得不把一日三餐改为两顿。

抗战初期，广大教师的生活水平还是有保障的。虽然自1937年9月起，教师薪金以50元为基数，余额按七成发给，但那时的教授每月还能实得二百余元，加之大后方物价低廉，实际购买力下降有限。曾在西南联合大学就读，后任教于北京大学的张寄谦教授曾回忆说：联大生物系的一位教授上课时常将教室搬到学校附近的小饭馆，买上几条活鱼，从鱼头讲到鱼尾，再请厨师做熟后和同学们一边吃一边解释鱼的"五脏六腑"。

1940年以后，随着国家经济状况的恶化，货币贬值，物价暴涨，教授们的优越生活也随之荡然无存，和广大人民一同成为饥饿线上的挣扎者。到1943年下半年，联合大学教授每月薪金已由战前的300多元降至实值仅合战前的8元3角，仅能勉强维持全家半个月的最低生活。

当时许多教授为了糊口，不得不去兼课。闻一多除在昆华中学兼任教员外，晚上还要在油灯下，埋头为人刻制印章，以换取一家八口的糊口费用；汤用彤等一些教授也只能一度食粥度日；梅贻琦经常吃的是白饭拌辣椒，没有青菜，有时吃上菠菜豆腐汤就很高兴了；吴大猷经常穿着补上像大膏药一样的补丁裤子去上课；曾昭抡穿的鞋，也常是前后见天的。一些教授夫人也不得不从事如绣围巾、做帽子等手工活计，甚至自制"定胜糕"（取抗战一定胜利之意），到小店寄卖，以补贴家用。

虽然政府为改善教师生活，曾制定了一些补助办法：自 1941 年 10 月 1 日起，发给平价食粮代金；凡教育部办的学校教职员，每人每月可报领二市斗一市升的代金；家属符合有关规定的，享受教职员的同等待遇；此外，教育部还推行"久任教员奖金"、"特别补助费"、"兼课钟点费"制度。但这些津贴每领一次，物价又暴涨在先。当时教师们把薪金与物价比作龟兔赛跑，而这个兔子（物价）却不是那只知睡觉的兔子了。英国著名科学家李约瑟博士在访问西南联合大学时，曾记下了两者间的比赛结果："薪给的增长仅 7 倍，而在云南生活费用已高到 103 倍。"但他同时又盛赞道：就是在这种环境中，广大教师仍表现出"不屈不挠的耐心和勇气，在他们国家的边远地区工作，同时在他们所处的逆境中，还表现着极端甚至快乐的情绪"。正是这种浑厚的民族情感所释放出的巨大能量，加之政府始终如一地推行贷金和公费制，从而有效保证了我国高等教育的发展，为国家培养了大批建设人才。

为了适应抗战建国的需要，提高大学生源质量，并进一步改变以往文科类学生招收过多，理工类学生招收偏少，比例失调的现象，国民政府决定实行统一招考制度。教育部继 1937 年在中央大学、浙江大学、武汉大学三校联合招生的基础上，于 1938 年推行国立大学统一招考制度。1940 年又进一步扩充到包括省立大学在内的所有公立各级高等院校。

1938 年，教育部设统一招生委员会，负责全国统一招生事宜。同时在武昌、长沙、广州、桂林，甚至包括"孤岛"上海等地设立了 12 个招生区，各招生区设招生委员会。1940 年，教育部把临时性质的招生机构，改为"永久性质的公立各院校统一招生委员会"。统一招生委员会的主要任务是："①订定招生规章；②规定命题阅卷及取录标准；③制定及颁发试题；④复核考试成绩；⑤决定及分配录取学生；⑥研究招生改进事项；⑦教育部交议有关招生事宜。"此外，教育部还制定了各区招生委员会组织规则。统一招考制度的特点是：

第一，统一考试科目。新生入学考试分笔试和口试。普通高校在新生入学前分别由各系进行口试，报考师范类院校的考生要在笔试后进行。

第二，统一命题。1938 年，教育部规定由全国各区统一招生委员会自行组织命题。各区命题虽有部订标准，但各考区的试题不同，评卷更难一致，所以

1939 年改由教育部统一命题。1940 年，除由教育部统一命题外，并拟定各题的参考答案和评分标准。

第三，统一阅卷。教育部规定各区招生委员会须聘请阅卷委员若干人，考生试卷由阅卷委员会分科阅卷，评定成绩。

第四，统一录取标准。录取标准的统一，是保证高考质量的重要环节。例如 1940 年统一录取的标准是：国文、英文、数学非零分者，其标准分数，第一组考生（指报考文、法、商、教育学院和师范学院文科）在 280 分以上，第二组考生（指报考理工学院和师范学院理科）在 260 分以上，第三组考生（指报考医、农学院）在 240 分以上，师范生在 240 分以上而口试在丙等以上，均经复核后录取。蒙藏及海外侨生，比照上述条件均可降低 40 分，予以照顾。此外，第二、三组考生数学为零分，标准分在 280 分以上，经复核录取。有加试科目的，以加试科目分代替计入总分，再照上述各项办理。音、体、美的考生，文化课成绩在 160 分（标准分）以上，而国文、英文、数学均非零分，且术科成绩符合规定标准的，经复试后录取。

统一考试科目，统一命题，统一阅卷，统一录取标准对于提高整体考生质量，调整文理科学生的比例取得了一定的成绩。但统一招考的时间并不长，仅坚持了三年，参加统一招生的院校也不多，主要局限在部分公立院校，至于私立院校及公私立专科学校，教育部仅核准招生名额和考试科目，余者仍自行办理。

抗战期间，政府为了尽可能多地培养抗战的急需人才，仍努力调整文理科学生比例失调的现象。在公费待遇上，即明显体现了政府这一用意。工科学生是国家经济建设的骨干，师范教育是提高普通教育必不可少的师资保障，因此，国家规定工学院和师范学院学生全部享受甲种公费，即免除全部学膳费，并补助一定的生活费用。其他学生按一定比例享受乙种公费，仅免除学膳费，而无生活补助。理科学生80%可享受乙种公费；文、法、商学院学生享受这一比例的名额仅占40%。

由于国家财政困难，不可能投入大量资金用于大学的增设与扩充。国民政府教育部为了进一步发展我国高等教育，便把提高大学教学质量放在首位。

编写高水平的大学教材，是提高大学教学质量的一个重要前提。为此，教育部于1939年专门设立了大学教材编辑委员会。1940年该会在重庆北碚召开第一次会议，决定先编各大学共同必修科目用书，再编各系必修科目用书，再次是专业选修科目用书。编辑方法，一是采选成书，二是公开征稿，三为特约编著。各种书稿，须经初审、复审、校订手续，并经该会常委会会议通过，由教育部核定付印，作为大学用书。至1947年，大学教材编委会共收到书稿331部，交由商务印书馆、正中书局、中华书局出版的有42部，正在印刷的51部，退回作者修改的29部，正在审核之中的17部，经审查不予采用的192部。此外，教育部又特约专家编著的有157部，并对部分已印行的大学用书加以甄选，经审查合格后，征得原书著译者的同意，略加修订，作为部定大学用书。

统一教师资格是加强师资建设、提高教学质量的重要保障。抗战前教育部虽颁布过《大学教员资格条例》，但许多院校均依其学术地位与传统，自行聘请。1940年9月，教育部公布《大学及独立学院教员资格审查暂行规程》，规定大学教师分教授、副教授、讲师、助教四等及其任职资格。例如，教授须具备下列资格之一：任副教授三年以上，著有成绩，并有重要之著作者；在国内外大学或研究院所得有博士学位或同等学力证书，继续研究或执行本专门职业四年以上，有创作或发明，在学术上有重要贡献者；其资格不合于教授的规定，但在学术上有特殊贡献，经教育部学术审议委员会3/4以上委员之认可者得任教授。1940年至1947年10月，经教育部审查合格的专科以上教师，共28批。其中教授最多，计2563人，其次为助教2497人，再次为讲师1926人，再次为副教授1205人。

毕业考试，是测量学生是否达到毕业水平的标准，它是把握教学质量的最后一关。为此教育部于1940年颁布了《专科以上学校学生学业成绩考核办法要点》。毕业考试制度的改革与过去最大的不同是：抗战前的毕业考试，大学除两科考试的内容覆盖最后学年的课程外，余者（含专科学校）均为最后一学期的学期考试。毕业总考制除考试最后一学期所学的课程外，还从二三年级所学的主要科目中，指定三种为加考科目。

政府在加强对高校管理，注重人才培养的同时，也非常重视发挥高等院校的科研力量，为抗战服务。广大爱国教师更是坚守岗位，埋头苦干。

早在 1938 年，国民党临时全国代表大会通过的《战时各级教育实施纲要》便指出："对于自然科学，依据需要，迎头赶上，以应国防与生产之急需。"这实际上是为战时高等教育定了基调。"迎头赶上"成了教育界的口号。特别是 1938 年下半年，后方学术研究机关渐告恢复，研究工作亦粗能进行，而国民政府对于应用科学也"不惜用大量金钱增添若干新机构"。以重庆地区为例，1942 年成立国防科学技术策进会，1943年以后又成立市政工程学会、中国自动化工程学会、中国发明协会、战后建设研究会、中国工矿建设协进会。这些学会聚集了大批高等学府的著名专家、教授，从事科学研究。他们在不放弃原有科研项目的基础上，纷纷调整研究重心，将主要精力放在应用科学的研究方面。

内迁大学新设置的科研院系及招考研究生也多是有关应用科学的。如 1942 年，中央大学设立理、农、工、医四个研究所，中山大学设立农、医两科研究所，齐鲁大学和江苏医学院设医学研究所。浙江大学自杭州西迁时，只有 3 个学院 11 个系，没有所谓的研究所，在校学生不过 800 余人。到 1942 年秋，虽经数度迁移，但已发展成为 5 个学院，并增设数学、生物、化学工程、农业经济四个研究所，在校学生达 2500 余人，是战前的 3 倍多。

为了促进战时高校的科学研究，奖励优秀研究成果，教育部学术审议委员会从 1941 年开始从各大学中选拔杰出的科研成果予以奖励。至抗战结束，共举办了五届优秀成果奖，五年来自然科学和应用科学成果获奖者有 114 人，呈逐年上升趋势。

尽管内迁高校的简陋环境，给教学科研工作带来了许多困难，但全国众多的高等学府和科研机构相对集中地迁到大后方，无形中又拉近了彼此原有的距离，为它们相互之间以及与内地高校之间的交流，创造了条件。这一意想不到的情况，又给科研学术的发展带来了前所未有的繁荣景象。如四川大学与内迁成都的南开大学经济研究所共同组织四川经济考察团，从地理概况、土地人口、林木垦荒、工业生产等十个方面对大后方经济进行详细考察和研究，向政府提供了许多有益的建议；中央大学医学院、齐鲁大学迁入华西协和后，三校医学院联合上课，以中大教授讲授神经解剖学，华大教员讲授有机化学、寄生虫学，齐大教员讲授组织学，并将成都原有的四所小医院合并，称"三大学联合医院"。三方充分发挥彼此优势，教学质量明显提高，连北平协和医学院的学生都来借读或实习；西南联合大学三校更是精诚合作，充分利用仅有的设备、图书资料，弥补了各校科研条件的不足。内迁昆明的中法大学与北平研究院镭学研究所精诚合作；在陕西的西北农学院与内迁的植物研究所合组中国西北植物调查所，联合攻关。双方合作研究的项目多数是应用科学或是对地方经济文化发展有重大重义的课题。

抗战期间，内迁高校的广大教师在经费、资料、实验设备严重不足的困难情况下，所取得的成就是巨大的。艰苦的环境非但没有压倒他们，反而激发了广大教师的爱国热情，使他们的科研、教学水平超常发挥。苏步青、华罗庚、茅以升、竺可桢、周培源、吴大猷、严济慈、卢嘉锡等著名教授纷纷成为各学科的带头人。他们既潜心于科研，又注重培养人才，使许多青年脱颖而出。他们的研究成果许多都处于当时国际学术界的领先地位。

华罗庚的数学研究硕果累累。1937 年抗战爆发后，为了报效祖国，他毅然中断了在英国的留学，回国执教于西南联合大学数学系，先后完成 20 多篇数学论文。1937～1941 年，苏联《报告》杂志每年都要刊出他的一篇论文。他的第一部学术专著《堆垒素数论》，成稿于 1941 年，其中有些结论时至今日仍被视作经典。物理系教授吴大猷在研究工作很不正常的情况下，写出了一本《多原子之结构及其光谱》及 19 篇学术论文，并进行了大量光谱学的实验。同时他还指导青年学生进行科学研究。其中比较突出的是杨振宁的大学毕业论文和黄昆的硕士研究论文。后来杨振宁获得诺贝尔物理学奖，他在给老师吴大猷的信中说："我后来的工作及获得该奖金……都可以追溯于那年所作的论文。"

浙江大学校长竺可桢在抗战期间发表了近 40 篇文章，在地理学、气象学、物候学、海洋学、冰川学、沙漠学及自然科学史等学科都取得了较大进展。浙江大学教授王淦昌1941年写成论文《关于探测中微子的建议》寄往美国《物理评论》杂志后，引起世界物理学界的震动。1943年此文被评为该刊最佳论文之一。

在社会科学方面的研究成果也同样引人注目。闻一多的多种文学史著作，王力的语法理论，钱穆的《国史大纲》、冯友兰的《新理学》，贺麟、汤用彤的哲学和逻辑等，在中国学术史上都占有重要的地位。

在整整八年抗战期间，中国的高等教育面对日本侵略者残酷炮火的摧残，不但没有中断，反而在很短的时间内得以恢复，并取得了惊人的发展。同时，随着东南沿海一带的高校内迁，又进一步推动了西南、西北落后地区文化、教育事业的发展。中国高等教育事业所取得的这一切成就，主要是广大爱国师生面对外侮，不甘屈服、奋发努力的结果。同时，国民政府对高等教育的重视，以及颁布的一些合理政策，如救济学生、增设学校、充实设施等也起到了一定的促进和推动作用。

4 沦陷区的大学教育

七七事变后，东南沿海一带的大学纷纷内迁大后方。当时仍留在沦陷区继续开学而又得到国民政府承认的大学，主要是部分教会大学，另有一些迁入外国租界内的公、私立大学。这些学校主要集中于北平和上海两地。太平洋战争爆发后，沦陷区的许多高等院校被迫再次内迁或停办。

从1937～1941年间，在华北沦陷区的大学中最吸引人的是燕京大学。日军侵占北平后，司徒雷登即在燕京校园内升起了美国国旗。燕京大学虽在30年代初即向中国政府立案，但仍保留着在美国登记的身份。司徒雷登巧妙地利用了燕京大学的这一双重身份同日本占领当局周旋。他在重要问题上态度坚定，宁可关门也决不妥协。例如，日本人要求外国人创办的大学招收日本学生。当时天主教创办的辅仁大学被迫答应了日本的要求，结果招进来的学生中许多是日本特务。司徒雷登则明确表示，日籍学生必须通过燕京大学的招生考试，他还亲自监督判卷。结果一个日本学生也没有录取。当日本人提出抗议时，他就告诉他们：有50多名没有被录取的中国学生的成绩，比最好的日本投考人的成绩还好。因为入学考试要求考生必须精通中文和英文，很难有中、英文俱优而符合入学资格的日本考生。另一个例子是，日本人强迫燕京大学任命日籍教授。司徒雷登只聘请了一位当时被公认为研究辽代历史有成就的日籍专家陶利教授。陶利虽是日本人，但他拒绝为军队进行特务活动。1941年12月，当燕京大学被日本人查封时，陶利一家都努力帮助他的中国同事。因此，当战后燕京大学复校时，再次聘请陶利教授回校任教。

司徒雷登一方面坚持抵制日本人的奴化教育，一方面秘密掩护爱国师生前往大后方参加抗日。曾执教于燕京大学的英国人林迈可就经常开着司徒雷登的汽车采购抗战急需的医药品运送给平西抗日游击队。当时的燕京大学就像一块磁铁一样，吸引着沦陷区不愿接受日本人奴化教育的爱国青年学子，他们纷纷报考燕京大学。1941年9月，燕京大学注册人数达到了创纪录的1128人。

就在这年秋天的开学典礼上，司徒雷登对燕京师生发表了他的最后一次公开演讲，他说："目前的战争已不是国家间的战争，而是两种主义、两种人生哲学的战争——独裁与民治的战争……独裁主义者一定失败，侵略者决不会胜利，因为在他们本身中已种下了毁灭的种子！"三个月之后，太平洋战争爆发。1941年12月8日，日军封闭了燕京大学，同日在天津逮捕了司徒雷登。

战前的上海，是中国高等教育最发达的地区之一，集中的高等学府最多。淞沪战役后，上海沦陷。但由于上海有外国租界做掩护，除内迁的院校外，仍有许多私立大学留在上海继续开学。如大同大学、震旦大学、圣约翰等大学，甚至连苏州的东吴大学和杭州的之江大学也迁入上海租界内。另外，一些私立大学除部分内迁西南外，仍将校本部留在上海租界内，如光华大学、大夏大学等。

1938年2月，滞留在上海的数百名复旦大学学生，因无力迁往内地，眼看其他大学纷纷复课，屡次要求李登辉校长设法上课，解决失学问题。李登辉与留沪教师反复讨论后，认为：（1）重庆过远，在战争期间，学生前去非易，且旅费亦太昂贵。（2）借读他校乃不得已办法，学生至感不便。（3）光华大学、大夏大学在成都、贵阳与上海同时开学，华东各地大学，如东吴大学、之江大学、金陵大学均迁沪复课。复旦大学若单独在沪停办，他日恢复，势不可能。（4）沪上租界之内，尚属安全，并无任何干涉。以上好最后一课的精神，维持复旦大学在沪之根基。如形势突变，则当散即散，亦属易事。于是，在校友的协助下，复旦大学在公共租界内复课。同年6月，上海复旦大学经与内迁重庆的复旦大学商定，沪校改称复旦大学补习部。

当时，除一批私立大学滞留在租界内，也有个别国立大学利用租界做掩护，继续在沦陷区开学。如上海国立交通大学本拟迁往浙江兰溪，并曾派人前往察看校址。后因1937年10月，接教育部电令："查该处并不安全，亦不相宜，现应即在原址及上海租界内其他地方设法疏散，使各年级一律开课。"于是，交通大学将校址迁入上海法租界。1941年7月，太平洋战争爆发前夕，上海孤岛形势险恶。校长黎照寰为保护交通大学不给日伪接管以口实，多次密报重庆国民政府教育部和交通部，请求把学校改为私立大学。9月16日，交通大学正式更名为私立南洋大学，仍由黎照寰任校长。校内各院系一切组织机构人员未变。经费仍由重庆国民政府暗中汇来。学校更名后，经在校学生的再三要求，仍颁发交通大学毕业证书。这年的大部分学生毕业后，纷纷投奔大后方，由资源委员会等单位安排工作。1940年秋，由于后方抗战和建设急需交通工程人才，经交通大学一批老校友的热心奔走，在四川重庆建立了交通大学分校。

在沦陷区，除部分教会大学和迁入租界内的大学得以继续生存外，由日本侵略者操纵下的伪政权，也以原校名恢复了一些大学。这些学校大多是国立大学。

1937 年底，在北平建立的汉奸组织"华北政务委员会"中担任教育总署督办的汤尔和，利用原北京大学的某些条件，成立了伪"国立北京大学"，下设文、理、法、工、农、医六学院，自 1938 年 5 月先后正式开学。汤尔和兼任校长。

1940 年 3 月，汪精卫叛国投敌后，在南京建立伪国民政府。同年 4 月，伪政权教育部拨发 100 万元恢复了原设在南京的中央大学。汪伪政权为了拉拢学生，收买人心，规定学校正式生，一律免收学费、杂费及住宿费，教育学院及艺术专修科、师范专修科、农业专修科学生，并免收膳食费。1942 年 8 月，南京中央大学迁入金陵大学原址，利用金大遗留下来的图书、设备，办学条件得到改善，在校生总数一度曾多达1100 余人。教师人数也有所增加，教授、副教授共110 人，讲师 39 人，日籍教员 15 人，并添聘德籍教员1 人。然而，在侵略者刺刀威逼的奴化教育下，广大师生的教学、求学状况极不稳定，学生中途辍学现象十分严重，平均每学年流失率高达 10% ~ 15%；教师包括校院长也频繁出走。短短四五年间，医学院十易其长，校长更迭四任。

太平洋战争爆发后，日本侵略者进占上海租界。翌年 8 月，汪伪政权教育部接管了交通大学，又将校名改为国立交通大学，学生自治会等组织被解散，不少师生员工愤而辞职离校，历经千辛万苦辗转到达重庆交通大学；10月，汪伪政权又准备将留在上海租界内的圣约翰大学、光华大学、大夏大学、复旦大学四所私立大学合并为联合大学。对此，复旦校长李登辉宣布学校实行"三不主义"，即不向敌伪注册、不受敌伪津贴、不受敌伪干涉。"三不"如不能实行，立即停办。在敌伪环伺的情况下，学校坚持不教日文，并表示："内部组织行政深愿不受干涉"，"倘不获当局谅解，无殊完全令其停办"。日伪当局为了粉饰太平，被迫取消了原议。

此后，重庆国民政府对留在沦陷区内的这些大学，大都表示不予承认。唯一例外的是北平辅仁大学。因为辅仁大学是由罗马天主教会主办的，当时罗马教皇驻华代表蔡宁和辅仁大学校务长雷冕均是德国人。因此，在太平洋战争爆发后，辅仁大学由教会中的德国人出面，与日伪政权周旋，经过往返协商，文理各科课程仍用原有教材，不用日文课本，不悬挂日本国旗，日语不必作为必修课程，学校得以继续开办。

当时除辅仁大学外，沦陷区内的所有大学都不同程度地受到日伪组织的控制。按日伪当局的规定，日语成为一切大学的必修课。有的学校还不许学生读中国历史，有的大学使用的则是从东北运来的伪满洲国编写的历史教材。许多大学的校门前还竖有日本国旗，派进了大批日籍教师和教官，甚至规定学生每天进出校门时，必须向日本国旗、日本教官行礼，以此进行奴化教育。

　　尽管当时辅仁大学的学费较高，而日伪控制的学校不收费，但由于辅仁大学是沦陷区内中国政府唯一承认的大学。很多青年激于爱国思想，又因一时不能离开沦陷区，就纷纷投考辅仁大学，有的学生一年考不取，连续两年、三年投考，也一定要上辅仁，为的就是得到一张中国政府承认的大学文凭。

　　日本侵略者在利用沦陷区的原有大学进行奴化教育的同时，还曾在当时的伪满洲国首都新京（长春）建立了一所建国大学，以期培养符合殖民统治需要的所谓"建国人才"。

　　1938年5月，伪满洲国"国立建国大学"正式开学，校长由伪"国务总理"张景惠兼任。但学校实权则掌握在副校长的日本人手里。建国大学的通用语言是日语，中文则被当做外语看待。学校的教师大部分是日本人。据1941年7月统计，全校80名教师中日籍教师多达71人，中国教师仅7人，德国、朝鲜教师各1人。由此可见，建国大学虽是建立在中国的土地上，却是一所地地道道的殖民地大学。

　　然而处在侵略者铁蹄下的广大爱国师生，并没有忘记自己是一名中国人，决不甘心做亡国奴。他们一方面勤奋读书，深信日后终有报效祖国之日，另一方面，通过各种方式积极投身于抗日报国的进步活动。

　　1940年11月，建国大学第一期学生访问日本时，同汪伪政权的留日学生进行了广泛的接触。当时，汪伪派遣的留学生对建大学生说："诸君，虽说满洲国是道义国家，但事实上它难道不是因日本帝国主义侵略而制造出的傀儡国家吗？我们中国人必须内外合力以收复失地。诸君正是中华民族选拔的战士。"建大学生平日即对学校当局及教师所说的"民族协和"抱有怀疑，不相信"满洲国"的政治方向，所以在留日学生启发下受到很大冲击，认为他们说的有道理。建大学生与留日学生约定好今后要进一步合作。他们回到"满洲国"后，仍同留日学生保持联系，引起了关东军的怀疑，并逮捕了17名建国大学学生。

1943年12月，汪伪政权控制下的中央大学学生，针对当时南京城内鸦片馆林立，出于对侵略者毒化政策的切齿仇恨，开展了一场历时四个月的"清毒"运动。广大爱国学生利用日伪之间为鸦片特税产生的矛盾，砸毁了许多烟馆，烧毁了大批烟具、烟土，迫使汪伪政府处死了南京城号称"白面大王"的曹玉成，得到了沦陷区人民的称颂。

1945年8月，日本无条件投降，汪伪政权和伪满洲国随之垮台。同时，国民政府教育部宣布接收伪政权控制下的各类高等院校，从此结束了沦陷区内日伪统治下的奴化教育。

四　从复员到解放

1945 年 8 月 15 日，日本宣布无条件投降，举国欢腾。坚持抗战八年之久的内迁各大学，此时都盼望着早日返回故里。

9 月 20 日，国民政府教育部召开全国教育善后复员会议。会议认为，当前高等教育所亟待解决的主要问题是："第一点，我们究应如何趁各级学校复员的时机，在地域上作一相当合理的分布，使全国教育得到平衡的发展；第二点，收复区和光复区内如何肃清敌伪奴化教育的流毒，如何逐渐恢复正常的教育。"

针对第一个问题，教育部提出："复员"决不是简单地"复原"，"吾人对于战后专科以上学校之分布即其院系科别之增减，必须先有通盘计划，方足谋日后之合理发展"。蒋介石在复员会议上也表示：各校不要匆忙搬移，准备愈充足愈好，归去愈迟愈好。政府不亟亟于迁都，学校也不应亟亟于回去。根据这一意见，各内迁大学仍暂时留在原地继续教学上课。同时，努力作好一切东迁准备，如原校舍的接收修缮、师生迁移、物资输送、校产的处理、复员费用的申领、交通

138

工具的组织等一系列工作。

经过近一年的努力，到 1946 年 5 月前后，内迁各大学开始纷纷复员返回原籍。

1946 年 4 月 23 日，教育部电令西南联大三校恢复原校。5 月 4 日，联大全校师生在昆明举行毕业典礼。梅贻琦代表联大常委会宣布，西南联合大学正式结束。

同济大学、交通大学、中央大学、金陵大学、复旦大学、大夏大学等公、私立大学均是在 4 月中旬结束 1945～1946 年度的课程，开始东返。

在复员过程中，教育部非常重视改变原有高等院校在区域上的不合理分布。战前，西部内陆省份相对于东部沿海地区而言，高等教育是非常落后的。据 1934～1935 年调查统计，当时全国 110 所高校中，上海、北平两市所拥有的大专院校即达 41 所，而四川仅有高校 4 所，湖南、广西各 2 所，甘肃、陕西、云南、新疆等边远省份各有 1 所，贵州、西康两省竟一所大学也没有。到 1947 年，当内迁高校均已回原地复员时，内地边远省份的高校数目已有很大的提高。如陕西有 8 所，其中西安有 6 所；四川有 21 所，其中重庆有 7 所；甘肃有 4 所；云南、贵州各 3 所；西康 2 所。

许多高校回迁时，往往把一些图书仪器及教学设备无偿赠予内地省份，以示感激内地省份在抗战期间的支持帮助，还有一些教师为了发展内地教育事业，自愿留下来任教。如西南联合大学复员后，原联大师范学院留昆明独立设置，更名为"国立昆明师范学院"，教育部任命已受聘于南开大学教育学教授的查良钊任院长，北京大学教授罗庸、谭锡畴，清华大学教授杨武之、胡毅，南开教授蔡维藩、蒋硕民等，也分别向各校请假，留在昆明担任教学及行政职务。私立光华大学在上海本校复员后，经校董会决定，将内迁成都的光华大学分校校产奉赠给四川地方人士接办，改名为成华大学，亦即成都光华大学之意。内地高校的增加，无疑对西南、西北地区政治、经济、文化等各方面的发展起到了极其重要的作用。

教育部为了调整高校的不合理分布，还曾计划将战前大学最集中的北平、上海两地的部分内迁高校留设原地或改迁他处。如由北平大学、北平师范大学、北洋工学院三校内迁陕西后合组的西北联合大学，至1938年7月分别改设为西北大学、西北师范学院、西北工学院三校。抗战胜利后，教育部正式下令西北师范学院"不得复员，留设兰州"；西北大学由陕西城固改迁西安，取消原北平大学；西北工学院复员回天津，恢复北洋大学校名。西北大学和北洋大学即遵令照办，而西北师范学院的广大师生强烈反对，要求复员返回北平。1946年3月，教育部被迫答应重新设立国立北平师范学院，西北师院仍留兰州，在校学生可以无条件转入北平师范学院。

教育部还曾计划将同济大学留在四川。蒋介石在战后巡视宜宾时，曾召见同济大学校长徐诵明面询可否将学校改迁重庆续办，徐诵明告以师生员工盼望回沪，表示无法从命留在四川。后因战前同济大学在上海吴淞的校舍，已毁于兵燹，不堪应用，教育部部长朱家骅即为此表示将来可在苏州捐地千亩，作为同济大学未来之永久校舍。但因师生反对，也未能成行。

复旦大学内迁重庆后，因办学经费困难，代理校长吴南轩于1941年向国民政府申请将私立复旦大学改为国立。战后，沪、渝两校合并，师生员工共计2000余人，原上海江湾校舍不敷应用。由于战前复旦曾接受吴稚晖转赠的无锡荣家在太湖边大雷嘴土地1014亩为建校地基，拟迁往无锡。但因重庆师生渴望东返，决定先行迁回上海江湾复课，待无锡校舍建成后，再行搬迁。

高校复员工作，的确是一项浩繁艰巨的工程。教育部也为此付出了巨大的努力。仅由教育部驻重庆办事处协助东迁的大专院校即达60所，师生员工6万余人。其他散处昆明、浙江、陕西、广州等省市的国立专科以上学校，亦分别遵照部令，推进复员工作。教育部还通过复员工作，进一步调整了高校的不合理分布。国立院校校址同抗战爆发前的校址相比较，大致可分为五类："（1）隔省迁移之专科以上学校27校；（2）省内迁移之专科以上学校14校；（3）战时停顿战后恢复之专科以上学校8校；（4）留设原地之专科以上学校17校；（5）接收改设之专科以上学校4校。""前三类均已于卅五（1946）年暑假，遵照指定地点迁移设立，并于秋后与四五两类学校先后开学上课，至省私立专科以上学校，亦已由部补助经费，自行迁移复学。"

如何清除收复区内敌伪奴化教育的流毒，恢复正常的教学工作，也是高等教育面对的一个主要问题。

教育部于 1945 年 9 月颁布 "收复区专科以上学校之甄审办法",规定:(1)收复区敌伪专科以上学校肄业生或毕业生应分别向各区甄审委员会登记,登记时应填具登记表,取具保证书,并呈缴学历证件。(2)肄业生经登记甄审合格后,由教育部按其甄审成绩编定相当年级,发给转学证明书,分发相当学校肄业。(3)毕业生经登记甄审及格者,由各区甄审委员会予以二个月至三个月之补习后,发给证明书,该项证明书由部予以验明,可认为相当于专科以上学校毕业证书。(4)甄试科目以国文、英文、三民主义为共同必试科目。

教育部这一 "甄审" 办法颁布后,立即引起了收复区广大学生的强烈反对。首先从南京掀起的反甄审运动,迅速蔓延到上海、青岛、北平、天津等地,参加学生近 10 万人,原日伪控制下的北京大学 3000 余名学生为反对甄审特向社会呼吁道:"固然沦陷的政府是伪的,应绝对予以解散,然而沦陷区的老百姓绝不能指其为伪。固然沦陷区的行政机构是伪组织,有政治性的训练班或学校应予以解散,然而在学术机关的学校读书的学生,因为无力赴内地求学,又无力入私立学校,不得已委曲求全,这种只以求知识为目的的学生,是不能指其为伪的。"

尽管在教育部颁布的 "甄审办法" 中规定:在敌伪所设具有政治性学校肄业生或毕业生,应一律不予登记。但政府为了与中共争夺抗战胜利果实,大量利用伪组织的原有势力,加强其在收复区的统治力量。如在北平伪组织统治下的警官学校与军官学校,不但不需要甄审，反而改为中央警校第五分校和十一战区干训团。这些做法，更加激起了收复区广大学生的愤慨。北平学生自救会在《为反对不合理措施告青年书》中，就愤怒地喊出了自己对政府的不满：

> 现在中国胜利了，我们又投入了渴盼八年的祖国的怀抱里。然而政府对我们陌生了，他对于敌人和汉奸们可以采用宽大的政策，敌人的武器可以不予以解除，特务、宪兵也仍然用来摧残我们同胞……但是政府是怎样安慰我们青年，来替我们青年设想呢？我们绝没有想到政府竟然把"敌伪"二字从真正的敌人和卖国屠民的汉奸、特务们头上摘下，罩在我们的青年身上，用不合理的甄审把戏来斫丧青年，用解散的手段来摧残教育，使得青年们陷于失学的苦境……我们要质问政府：为什么对于侵略我们、屠杀我们的敌人和敌人的帮凶汉奸们可宽容，对于无辜的青年们却无所不用其极地加以戕害。

由于收复区学生和社会舆论的强烈反对，教育部被迫于1946年2月又公布了一个"甄审修正办法"，只是规定：国文、英文可以免试，"呈读三民主义报告及标点批注《中国之命运》（蒋介石著）"，则不但不修改，反需增订"三民主义不及格者"，作为不得升级或不予任用的条件。

从政府前后两次颁布的"甄审条例"中，我们不难发现，其"甄审"的核心主要还是为了对收复区的广大青年进行"党化"教育，以此进行思想控制，防止共产党或中间派势力对广大青年的思想影响。然而国民党在抗战胜利后执行的这一不合理政策，不但没有达到预期设想，反而因强迫执行，加之用人不当，更加激化了收复区的广大学生同政府之间的矛盾。北平市教育局在给教育部的报告中说道：

> 据报：平津局自甄审条例颁布后，一般学生因恐惧而生苦闷，奸伪见有机可乘，遂鼓惑学生组织反对甄审委员会，游行示威请愿，志在取消甄审办法。查其中三民主义青年团派在学生中工作者，多以公开形式争取学生，动辄以势力及威吓服人，致使学生时起反感，收效极微。而奸伪及民主同盟则针对学生隐痛，以谦虚、和蔼、忍苦、耐劳之态度，在学生群内争取领导地位，收效颇大。

当收复区广大学生为反对"甄审"而抗议的同时，1945年12月1日，以尚未复员的西南联合大学广大师生为主，在大后方又掀起了一场轰轰烈烈的反内战运动，历时近四个月。

高校复员后不到半年，1946年12月底，因驻华美军士兵强奸北京大学女学生沈崇，再次引发了全国规模的"抗议美军暴行运动"，各地学生几乎都参加了这场斗争。在全国人民的一致声讨中，美军被迫判处强奸犯 15 年监禁。

抗战胜利后的最初两年间，尽管爆发了这一系列学潮，但各高校的正常教学秩序尚能暂时维持。广大师生虽然对政府存在着众多的不满情绪，但在学潮过后，还能回到教室。然而到了 1947 年的五二〇运动以后，无论教师还是学生，都已不可能再静静地坐在课堂里了。

不可否认，教育部在高校复员中的一些举措，对于发展高等教育事业，是有一定的积极作用，如注重高等院校区域上的合理分布。同时，为了保证广大贫穷学生能够平等地接受教育，教育部还对原有公费制进行改革，"将已往分科分系奖励与混合的办法，予以变更，定为全公费 40%，半公费 40%，使贫穷学子能享受公费，俾机会真能均等"。

但是，国民党为了加强其独裁统治，不顾全国人民渴望和平的愿望，悍然撕毁"双十协定"，将国家财政预算的 80%，用于大打内战，从而导致国统区民族工商业完全破产，工厂倒闭，失业工人激增。滥发纸币，造成恶性的通货膨胀，使一般物价涨至战前的 2 万倍。使一般薪水阶级无以为生，尤其是教师和公务员的清苦，无以复加。而政府在教育上的投入，更是少得可怜。广大师生遭受着饥饿、贫病和失学、失业的威胁。以清华大学为例，当时薪水最高的教授，1946 年 12 月底可实领薪金 83 万元，够买 23 袋面粉有余，生活比战时要好。但到 1947 年 5 月，物价陡涨，一个教授的薪金不够买 10 袋面粉。到 1947 年底 10 万元法币大钞出笼后，物价更如脱缰之马，教授薪金虽涨到 1000 万余元却不够买五袋面粉。教授生活尚且如此，助教的生活更不堪设想，至于享受公费的学生生活实际标准也是急剧下降。1946 年 12 月全公费每人每月 51640 元，其中主食费占 38640 元，当时可买一袋面粉还有余，生活尚可敷衍过去。到 1947 年 5 月，全公费每人每月虽涨至 124000 元，而当月中旬，每袋面粉价格已上涨至 145200 元，全部费用尚不够买一袋面粉，生活上已难以为继了。

当时，国家的整个教育事业几乎到了崩溃的边缘。但在五二〇运动中，最先站出来的却不是学生，而是大学里的教授们；最早喊出的口号也只是要"挽救教育危机"、"增加教育经费"、"提高公教人员待遇"等。

1947 年 5 月 6 日，在国民政府首都南京，中央大学教授们首先站出来，向教育部郑重提出五项要求：（1）教育经费应占国家预算的 15%；（2）拨外汇交各校购买图书仪器；（3）三青团及国民党的训练经费，不得在教育经费内开支；（4）按照物价指数支薪；（5）教员薪金应按物价指数调整。教授会还明确表示："如不能达到目的，吾人为国家前途及实际生活计，当采取适当步骤，以求上列决议案之有效贯彻。我们恳切的要求全国从事文化教育的工作者，一齐起来，坚决支持这个决议案。"教授们的宣言，迅速得到了全校学生的支持。12 日，中央大学全体学生为促使政府增加副食费，决定实行罢课。他们一致认为："凡人起码有争取生存权利的自由，与其因营养不足慢慢地死亡，倒不如立刻实行绝食"，并授权伙食团，"动用本学期尚存之全部膳食费，恢复二月份菜蔬素质，至吃完之日为止。待全部膳费吃光后，开始实行绝食，并作饥饿大游行，列队赴有关部院请愿"。

中央大学师生的正义要求，迅速得到了全国各地的响应。14 日，浙江大学学生公开表示："为了饥饿与苦难，感于营养之不足维持最低生活，我们这些被生活压迫的人，竭诚高呼响应中大吃光运动。"北平各大学也纷纷响应"吃光运动"；上海各大学响应"吃光运动"的学校到 16 日止计有：暨南大学、同济大学、复旦大学、交通大学、上海医学院等五校。复旦大学膳厅门口并贴出大幅布告，内称：我们与其吃不饱，饿不死，不如将应得公费，按合理营养标准"吃光"。

广大学生在为争生存斗争的同时，渐渐觉悟到：造成这现象的原因在于内战，在于当局武力统一政策，内战使大量的财富毁灭，使通货膨胀，使物价飞涨，使人民一步一步走向死亡的边缘。为生活所迫的学生愤怒地发出了"举起我骨瘦的手，向饥饿宣战，向制造饥饿的人宣战"的呼声。于是，"反饥饿、反内战"逐渐演变成为广大学生的一致目标。

为了最终达到目的，京、沪、苏、杭四市的学生联合起来，决定在 5 月 20 日——国民参政会四届三次大会开幕的那一天，齐集南京，举行大规模游行请愿。平、津两地学生也决定同时响应。事前，南京市专科以上学校学生联合会在讨论联合原则和五二〇游行时，针对"关于停止内战应否列入宣言"一项，广大学生出于善良愿望，仍决议："不在宣言中明言列出，而在宣言内容中提及。"

5月20日，5000多名大学生紧挽双臂，在以孙中山画像与"和平奋斗救中国"大幅标语及"京沪苏杭十六所专科以上学校挽救教育危机联合大游行"横幅的前导下，浩浩荡荡走向南京总统府请愿。然而，不曾想到的却是政府派出了大批军警，对手无寸铁的学生大打出手。据统计，五二〇血案重伤19人，轻伤104人，被捕28人，被殴打侮辱者不计其数。

五二〇血案，进一步激怒了全国青年学生。上海各大学成立了五二〇惨案后援会；杭州、广州、成都、重庆、武汉等地高校纷纷组织大游行，罢课；湖南、广西、云南、山东、江西等地也积极响应；平津学生从5月20日至6月2日，也一直处在血与火的斗争中。学生们的正义要求，更是赢得了全社会的支持。各界纷纷发表宣言，抗议政府的暴行，甚至连北京大学校长胡适也公开表示，"政治腐败，而又没有人来从事改革的时候，提倡改革的责任自然就落在青年人的身上。这次学生运动，就是这样产生的"。"学联不是受人操纵把持的，而是真正的民主力量。"原来一些曾经抱有自由主义幻想的学生，此时也公开表示："所谓中立只是自杀的代名词，也就是投机的假面具"，决心"不再为一冷静的旁观者"，而"毅然加入前进的队伍"。

事实是最好的教师。从此，国统区的广大师生，彻底走向了政府的对立面。在五二〇运动的影响下，各地学联纷纷成立，全国学联也恢复并成为领导机构，从而使分散的学生运动由涓涓细流汇成势不可挡的洪水狂澜，并将"反饥饿、反内战、反迫害"运动，推向新高潮，成为摧毁旧政权统治的巨大力量。正如中共领袖毛泽东 5 月 30 日所言："中国境内已有两条战线，蒋介石进犯军和人民解放军的战争，这是第一条战线。现在又出现了第二条战线，这就是伟大的正义的学生运动和蒋介石反动政府之间的尖锐斗争……学生运动的高涨不可避免地要促进整个人民运动的高涨。"

从 1948 年秋季开始，国民党在内战中军事上不断惨败，经济崩溃，政治紊乱，呈现出全面失败的迹象。到了 1949 年初，辽沈、平津、淮海三大战役结束后，国民政府的统治中心南京、上海、武汉等地已处于解放军的直接威胁之下。国民政府被迫决定迁往广州。行政院还下达了"国立院校应变计划"，要求各大专院校拟具应变措施，选定迁校地址，呈教育部备案。于是，各地高校的广大教师和学生又投入到保护学校、迎接解放的斗争中。

早在 1948 年 11 月，教育部就曾计划将平津等地的著名学府南迁。22 日北京大学校长胡适为此专门召开会议，经过两个小时的激烈争辩，最后教授会决定不迁校。24 日，教育部督学来北平，与国立各大学校长正式交换迁校意见，并表示："在遇万一时，政府为保持民族文化，决定全力设法抢救。"对待这种"抢救"，各大学均兴趣不大。清华大学校务会议在讨论迁校问题时，结果也是否定的。当时的《观察》杂志，在评论所谓"抢救"时，不无讽刺地说道："最多可能用几架飞机带走几位正统教授和一颗重不过半斤的关防，来一个象征式的'抢救'！"

但是即使这种象征式的"抢救"，当时各高校中响应的人也是寥寥无几。在平津解放前，蒋介石曾亲自部署，指定"各院校馆所行政负责人"、"因政治关系必离者"、"中央研究院院士"、"在学术上有贡献者"等四类人员的撤离计划，责成陈雪屏、蒋经国、傅斯年三人小组具体负责，教育部部长、国防部部长也曾参与其事，"华北剿总"并负有协助的责任。自12月以来，仅陈雪屏一人在三日内即给北京大学拍发急电不下十余封，却"未获一复"；有一天南京派了五架飞机来接人，却无人到机场候机。除胡适等极个别教授南撤外，北平各大学的知名教授，大都留了下来。

教育部还曾计划将中央大学迁往厦门，复旦大学迁往台湾，均遭到广大师生的强烈反对。当国民党统治势力最后撤离大陆时，复旦大学校长章益、同济大学校长夏坚白、交通大学校长王之卓、浙江大学校长竺可桢等一大批著名教授都拒绝同国民党逃往台湾，而是和广大师生员工一起参加护校斗争，迎接解放。

1949年10月1日，中华人民共和国宣告成立，它标志着国民党在中国大陆统治的彻底失败。新中国从旧政权手中几乎完整地接管了当时各类高等院校223所（含解放区建立的高校）。它为新中国高等教育事业的发展，奠定了坚实的基础。

结　语

　　近代中国的高等教育，萌芽于 19 世纪中后期。当
时的统治者，在领教了西方列强船坚炮利的同时，开
始逐步接受西方社会的物质文明成果。自 60 年代开
始，洋务派首先在几个大都市创立了一批以实用为中
心的专科学校。但传统旧式教育中的科举制，仍在当
时社会占据着绝对的统治地位。自甲午战争惨败之后，
特别是在维新运动的推动下，原来洋务派所倡导的
"中学为体、西学为用"的主张日趋失败。统治者被迫
由接受西方物质文明成果进而开始逐步采取西方的某
些典章制度。1902 年，清政府颁布了近代中国第一部
完整的学制——壬寅学制，它在传统旧教育向近代新
教育转变的过程中，起了重要作用。在此期间，清政
府虽然开办了几所新式大学，但就国家高等教育的整
体水平而言，仍很幼稚。

　　中华民国成立后的最初 10 年间，近代大学教育的
发展仍很缓慢。虽然政府允许私人兴办大学，但真正
高质量的大学并不多见。在这一时期的高等院校中，
发展最快、水平最高的是外人在华设立的教会大学。

其师资素质、学科设置、教学水准均超过当时国人开办的高等院校。

五四运动以后，伴随着民主、科学思想的传播，特别是近代民族工商业的发展，社会对新式人才的需求大增。近代中国的高等教育才得以较快发展，尤其是私立大学的发展速度尤为惊人。20世纪初期赴欧美留学的大批毕业生，此时也大多回国任教，教师素质、教学水平明显提高。在此阶段，高等教育发展的另一大成就是，大学开放女禁，特别是1922年颁布的"壬戌学制"从法律上正式明确了女子同男子一样享有接受高等教育的权利。

五四运动以前，中国的高等教育多以专门学校为主，综合性的大学很少，而且学科发展极不平衡，法政专业占绝对优势。据1917年统计，当时高等院校（含专科）共84所，综合性大学仅8所，在校学生19823人。法政学堂则多达32所，加上综合性大学内的法科在校生，总数高达9441人，几乎占当时在校生总数的一半。当时的学校规模相对较小，平均每校学生仅236人。五四以后，高等教育中的这种畸形病态未能得以彻底改观。虽然大学校数增长较快，达35所，但法政专门学校的数量和在校生总数仍远远高于其他专门学校数倍，甚至十数倍，而与综合性大学相差无几，且当时大学内也大都设立法政专业。可见，直到20年代中期，这种学科分布的极端不合理现象，仍未得到有效的纠正。

1927年南京国民政府成立后的10年间，中国高等教育发展逐步走向成熟。政府对高等教育进行了一系列改革，压缩裁并了一批不合格的高等院校；重视实科建设，学科设置趋于合理；学校规模不断扩大；教育经费逐年增加。在此期间，国民政府还成功地将独立于中国主权之外的教会大学，纳入国家教育行政管理之中。教会大学纷纷向中国政府申请立案（见表1）。

表1　1928～1936年高等教育（含专科）统计表

学年度	学校数(所)	学生数(人)	教员数(人)	经费数(元)
1928	74	25198	5214	17909818
1929	76	29123	6218	25533343
1930	85	37566	6985	29867474
1931	103	44167	7053	33619237
1932	103	42710	6709	33203821
1933	108	42936	7209	33574896
1934	110	41768	7205	35196506
1935	108	41128	7234	37126870
1936	108	41922	7560	39272386

　　通过表1统计计算，自南京政府成立后的1928年至抗日战争爆发前的1936年间，大学学生数增加了66.4%，教育经费更是翻了一番多，净增经费119%。虽然学校和教师数增长较慢，分别提高了46%、45%，但它仍说明，政府在教育改革中所取得的成绩。

　　首先，政府在控制学校数量，提高教学质量方面的努力取得了成效。教育部在控制学校数量的同时，并没有减少教育经费的投入，而是注重提高原有学校的教学质量，并加强实科建设。以 1934 年为例，入学新生中的实科（工、农、医、理）学生达 3976 人，几乎与文科（文、法、商、教）所招新生 4029 人持平。学科设置逐步趋于合理，入学人数逐年增加，学校规模也比以前扩大，9 年间平均在校生达 400 余人。

第二，教学经费的增长速度高于学生增长速度，并远远高于教师增长的速度，说明学生在求学期间，平均每人所摊教育经费增长速度最快。师资利用率得以充分发挥。在近代中国，无论公立院校还是私立院校，最大的开支就是教师的薪金（见表 2）。

表 2　1931～1934 年度公、私立大学各项支出年平均比例表

单位：%

项　目	工资费	办公费	设备费	附属机关费	其他费
国立	58.3	9.1	20.8	4.2	7.6
省立	63.7	7.9	23.3	1.3	3.8
私立	50.5	8.0	18.9	9.7	12.9

教师薪金支出总额约占学校全年教育经费的一半以上，其次是设备费用，约占 20%。教师所占的薪金越少，学生所摊的教学设备费用则越多。当然，这里也存在一个教师与学生比例的平衡问题。教师太多是人才浪费，教师太少又会直接影响教学。教师和学生比例最合理的分配标准究竟应是多少，这很难确定。但我们不妨作一个比较：1931 年私立南开大学教师人数是 42 人，学生 467 人，平均一个教师教 11 名学生；1929 年国立中央大学共有教师 254 人，学生 1726 人，

教师学生比例是 1：7。南开和中央两所大学，都是当时的著名学府，教学质量肯定高于国内平均水平，其教师与学生比例却远远低于全国水平，可见全国教师与学生的这一比例由 1928 年的 1：4.8 上升到 1936 年的 1：5.5 应该说是提高了当时人才的利用率。而且自20 年代后期，大批留学欧美的青年学者回国执教，教师的素质也较以前大为提高。我们再以南开和中央两校为例：南开大学"1930 年，全校教师 41 人，留学美国的 31 人，占 76%，其中博士 14 人，硕士 14 人"；中央大学"1930 年时 153 位讲师以上的专任教师中有130 人曾留学国外并且绝大多数获得了博士、硕士学位。医学院和商学院的教师全是留学出身"。

同时，政府为保证教师质量，于 1927 年颁布《大学教员资格条例》。规定大学教员分教授、副教授、讲师、助教四等，每等又分三级，并同时规定教员薪俸。按照条例规定：助教资格必须是"国内外大学毕业，得有学士学位者"，或"于国学上有研究者"；讲师必须是"国内外大学毕业，得有硕士学位者"，或"助教完满一年以上之教务，而有特别成绩者"；副教授必须是"外国大学研究若干年，得有博士学位"，或"讲师满一年以上之教务，而有特别成绩者"；教授必须是"副教授完满二年以上教务，而有特别成绩者"（见表 3）。

按照这一规定，第四中山大学（即中央大学）在开办之初，全校竟没有一名正教授，即使是曾在国内外著名大学担任过教授的著名学者，如芝加哥大学博士吴有训、芝加哥大学博士竺可桢、法国国家科学院博

表3　1928年大学教员薪俸表

单位：元

	教授	副教授	讲师	助教	备注
一级	500	340	260	180	中学教员最低为35元；县政府秘书及各局局长薪俸为80～180元。
二级	450	320	240	160	
三级	400	300	220	140	

士严济慈、哈佛大学毕业的闻一多等，当时都被该校聘为副教授，因为自该条例颁布之日算起，他们尚未"完满二年以上"的副教授教务。可见，当时聘任教师是相当严格的。

　　抗日战争爆发后，虽然中国的高等教育事业在敌人的蓄意摧残下，损失惨重，但广大爱国师生团结一致，冒着敌人的炮火，纷纷内迁到大后方，继续教学。我国的高等教育不但没有中断，反而奇迹般地得以恢复和发展（见表4）。

表4　1936～1946年大学专科以上学校统计表

学年度	院校数(所)	教员数(人)	学生数(人)	毕业生数(人)	岁出经费(元)
1936	108	7560	41922	9154	39275386
1937	91	5657	31188	5137	30431556
1938	97	6079	36180	5085	31125068
1939	101	6514	44422	5622	37982650
1940	113	7598	52376	7710	61105940
1941	129	8666	59454	8035	102927050
1942	132	9421	64097	9056	233536650
1943	133	10536	73669	10514	654452335
1944	145	11201	78909	12078	3199190837
1945	141	11183	83498	14463	16766763264
1946	185	16378	129336	20185	228625290603

从表 4 可见，1937 年抗战爆发后，由于日本侵略者对中国大学的蓄意破坏，造成部分大学或停办或合并，战区学生或失学或参军。院校数、教员数、学生数、毕业生数、岁出经费均大幅度下降。自抗战进入相持阶段以后的 1939 年，在校学生便超过战前人数。到 1940 年以后，院校数、教员数、学生数均超过战前水平，并逐年提高。1945 年院校数与战前的 1936 年相比增加 33 所，上升 30.5%；教员数增加 3623 人，上升 48%；学生数增加 41576 人，几乎翻了一番。教师与学生的比例由 1936 年的 1：5.5 提高到 1：7.5。教师素质也有明显提高。西南联合大学 179 名正副教授当中，"97 人留美，38 人留欧陆；18 人留英；3 人留日。3 名常委两人是留美的，5 名院长均为留美博士，26 名系主任，除中国文学系外，皆为留学归来的教授"。

从岁出经费一栏中，我们不难发现直到 1939 年仍未达到战前水平。自 1940 年后，从表面的数字看，教育经费是成倍增长，但由于大后方的恶性通货膨胀，导致物价如脱缰的野马，飞速上涨。以 1940 年高校岁出经费为例，根据当年 12 月重庆趸售统计指数，则其购买力仅相当于 1937 年 6 月的 16%，约合 4766263 元。1944 年高校岁出经费虽是 1937 年岁出经费的 105 倍，但其真正购买力只相当于 1937 年 6 月的 18%，约合 5438624 元。大学教育经费与战前比较实际上是大大降低了。这一事实连国民政府教育当局也不得不承认："表面数字虽然增加极大，而实际拮据更甚于前。"

造成这一结果的原因是多方面的，但我们不能因此而完全否定当时国民政府为发展高等教育事业所做的努力。如从当时在校学生所享受的贷金和公费制来看，抗战前的大学生，大都来自中产以上的富裕家庭。抗战期间，政府推行的贷金和公费制，不仅保证了这批背井离乡的原富裕家庭子弟的求学愿望，也为众多出身贫苦家庭的学生和工农子女提供了接受高等教育的机会。这在抗战前是不可想象的。

根据教育部统计处 1936~1946 年学年度全国各专科以上学校学生数报告表的比较研究，我们还可发现以下几个有趣的现象。当时中国大学教育分为研究生、本科生、专科生三级学历。1945 年在校研究生、本科生、专科生分别是 464 人、69585 人、13449 人，而1936 年的各类在校生则分别为 75 人、37255 人、4592人。可见在校研究生发展最快，增长了 519%，其次是专科生增长了 193%，再次是本科生增长了 87%。研究生主要是培养具有独立开展科研工作能力的高层次研究人员，它发展速度最快，反映了战时科研发展的需要；专科生主要是造就应用型人才，它发展较快，是为了适应战时专门技术人才的需要。同时，女大学生人数有了较大增长。1945 年在校女大学生比 1936 年增长了 149%，明显高于同期在校男生的增长比例。

抗战胜利后，政府在教育上最成功的举措，就是高校复员工作，并在一定程度上弥补了近代中国高等院校的不合理分布。但在此后数年间，由于国民党在政治上坚持独裁统治，悍然发动内战，致使国家经济彻底崩溃，广大高校师生甚至连饭都吃不饱，发展教育事业更是无从谈起。尽管教育部颁布了许多发展教育的政策，其中也会有某些合理措施，但是，我们不可能脱离大的时代背景，去空谈什么教育发展计划。因此，当今天回过头来再去考察这些所谓"合理"措施时，难免会有隔靴搔痒之感。特别是在此期间，政府对广大师生的政治迫害更是空前绝后，迫使他们最终同政府彻底决裂，在中共的领导下，开辟了反政府的第二条战线，并最后取得了胜利。新中国的高等教育事业，就是在此基础上发展壮大的。

参考书目

1. 季啸风主编《中国高等学校变迁》，华东师范大学出版社，1992。

2. 周予同著《中国现代教育史》，上海良友图书印刷公司，1934。

3. 陈能治著《战前十年中国的大学教育（1927～1937）》，台北商务印书馆，1990。

4. 中国人民政治协商会议西南地区文史资料协作会议编《抗战时期内迁西南的高等院校》，贵州民族出版社，1988。

5. 熊明安著《中国高等教育史》，重庆出版社，1988。

6. 萧超然等编著《北京大学校史（1898～1949）》（增订本），北京大学出版社，1988。

7. 南开大学校史编写组编著《南开大学校史（1919～1949）》，南开大学出版社，1989。

8. 复旦大学校史编写组编著《复旦大学志》第 1 卷（1905～1949），复旦大学出版社，1985。

9. 交通大学校史编写组编著《交通大学校史（1896～1949）》，上海教育出版社，1986。

10. 杰西·格·卢茨著，曾钜生译《中国教会大学史》，浙江教育出版社，1987。

《中国史话》总目录

系列名	序号	书　名	作　者
物化历史系列（28种）	25	陵寝史话	刘庆柱　李毓芳
	26	敦煌史话	杨宝玉
	27	孔庙史话	曲英杰
	28	甲骨文史话	张利军
	29	金文史话	杜　勇　周宝宏
	30	石器史话	李宗山
	31	石刻史话	赵　超
	32	古玉史话	卢兆荫
	33	青铜器史话	曹淑芹　殷玮璋
	34	简牍史话	王子今　赵宠亮
	35	陶瓷史话	谢端琚　马文宽
	36	玻璃器史话	安家瑶
	37	家具史话	李宗山
	38	文房四宝史话	李雪梅　安久亮
制度、名物与史事沿革系列（20种）	39	中国早期国家史话	王　和
	40	中华民族史话	陈琳国　陈　群
	41	官制史话	谢保成
	42	宰相史话	刘晖春
	43	监察史话	王　正
	44	科举史话	李尚英
	45	状元史话	宋元强
	46	学校史话	樊克政
	47	书院史话	樊克政
	48	赋役制度史话	徐东升

系列名	序号	书名	作者
制度、名物与史事沿革系列（20种）	49	军制史话	刘昭祥　王晓卫
	50	兵器史话	杨毅　杨泓
	51	名战史话	黄朴民
	52	屯田史话	张印栋
	53	商业史话	吴慧
	54	货币史话	刘精诚　李祖德
	55	宫廷政治史话	任士英
	56	变法史话	王子今
	57	和亲史话	宋超
	58	海疆开发史话	安京
交通与交流系列（13种）	59	丝绸之路史话	孟凡人
	60	海上丝路史话	杜瑜
	61	漕运史话	江太新　苏金玉
	62	驿道史话	王子今
	63	旅行史话	黄石林
	64	航海史话	王杰　李宝民　王莉
	65	交通工具史话	郑若葵
	66	中西交流史话	张国刚
	67	满汉文化交流史话	定宜庄
	68	汉藏文化交流史话	刘忠
	69	蒙藏文化交流史话	丁守璞　杨恩洪
	70	中日文化交流史话	冯佐哲
	71	中国阿拉伯文化交流史话	宋岘

系列名	序号	书 名	作 者
	72	文明起源史话	杜金鹏　焦天龙
	73	汉字史话	郭小武
	74	天文学史话	冯　时
	75	地理学史话	杜　瑜
	76	儒家史话	孙开泰
	77	法家史话	孙开泰
	78	兵家史话	王晓卫
	79	玄学史话	张齐明
思想学术系列（21种）	80	道教史话	王　卡
	81	佛教史话	魏道儒
	82	中国基督教史话	王美秀
	83	民间信仰史话	侯　杰
	84	训诂学史话	周信炎
	85	帛书史话	陈松长
	86	四书五经史话	黄鸿春
	87	史学史话	谢保成
	88	哲学史话	谷　方
	89	方志史话	卫家雄
	90	考古学史话	朱乃诚
	91	物理学史话	王　冰
	92	地图史话	朱玲玲

系列名	序号	书名	作者
文学艺术系列（8种）	93	书法史话	朱守道
	94	绘画史话	李福顺
	95	诗歌史话	陶文鹏
	96	散文史话	郑永晓
	97	音韵史话	张惠英
	98	戏曲史话	王卫民
	99	小说史话	周中明　吴家荣
	100	杂技史话	崔乐泉
社会风俗系列（13种）	101	宗族史话	冯尔康　阎爱民
	102	家庭史话	张国刚
	103	婚姻史话	张　涛　项永琴
	104	礼俗史话	王贵民
	105	节俗史话	韩养民　郭兴文
	106	饮食史话	王仁湘
	107	饮茶史话	王仁湘　杨焕新
	108	饮酒史话	袁立泽
	109	服饰史话	赵连赏
	110	体育史话	崔乐泉
	111	养生史话	罗时铭
	112	收藏史话	李雪梅
	113	丧葬史话	张捷夫

系列名	序号	书　名	作　者	
近代政治史系列（28种）	114	鸦片战争史话	朱诣汉	
	115	太平天国史话	张远鹏	
	116	洋务运动史话	丁贤俊	
	117	甲午战争史话	寇　伟	
	118	戊戌维新运动史话	刘悦斌	
	119	义和团史话	卞修跃	
	120	辛亥革命史话	张海鹏	邓红洲
	121	五四运动史话	常丕军	
	122	北洋政府史话	潘　荣	魏又行
	123	国民政府史话	郑则民	
	124	十年内战史话	贾　维	
	125	中华苏维埃史话	温　锐	刘　强
	126	西安事变史话	李义彬	
	127	抗日战争史话	荣维木	
	128	陕甘宁边区政府史话	刘东社	刘全娥
	129	解放战争史话	朱宗震	汪朝光
	130	革命根据地史话	马洪武	王明生
	131	中国人民解放军史话	荣维木	
	132	宪政史话	徐辉琪	付建成
	133	工人运动史话	唐玉良	高爱娣
	134	农民运动史话	方之光	龚　云
	135	青年运动史话	郭贵儒	
	136	妇女运动史话	刘　红	刘光永
	137	土地改革史话	董志凯	陈廷煊
	138	买办史话	潘君祥	顾柏荣
	139	四大家族史话	江绍贞	
	140	汪伪政权史话	闻少华	
	141	伪满洲国史话	齐福霖	

系列名	序号	书名	作者
近代经济生活系列（17种）	142	人口史话	姜 涛
	143	禁烟史话	王宏斌
	144	海关史话	陈霞飞　蔡渭洲
	145	铁路史话	龚 云
	146	矿业史话	纪 辛
	147	航运史话	张后铨
	148	邮政史话	修晓波
	149	金融史话	陈争平
	150	通货膨胀史话	郑起东
	151	外债史话	陈争平
	152	商会史话	虞和平
	153	农业改进史话	章 楷
	154	民族工业发展史话	徐建生
	155	灾荒史话	刘仰东　夏明方
	156	流民史话	池子华
	157	秘密社会史话	刘才赋
	158	旗人史话	刘小萌
近代中外关系系列（13种）	159	西洋器物传入中国史话	隋元芬
	160	中外不平等条约史话	李育民
	161	开埠史话	杜 语
	162	教案史话	夏春涛
	163	中英关系史话	孙 庆

系列名	序号	书名	作者
近代中外关系系列（13种）	164	中法关系史话	葛夫平
	165	中德关系史话	杜继东
	166	中日关系史话	王建朗
	167	中美关系史话	陶文钊
	168	中俄关系史话	薛衔天
	169	中苏关系史话	黄纪莲
	170	华侨史话	陈 民　任贵祥
	171	华工史话	董丛林
近代精神文化系列（18种）	172	政治思想史话	朱志敏
	173	伦理道德史话	马 勇
	174	启蒙思潮史话	彭平一
	175	三民主义史话	贺 渊
	176	社会主义思潮史话	张 武　张艳国　喻承久
	177	无政府主义思潮史话	汤庭芬
	178	教育史话	朱从兵
	179	大学史话	金以林
	180	留学史话	刘志强　张学继
	181	法制史话	李 力
	182	报刊史话	李仲明
	183	出版史话	刘俐娜
	184	科学技术史话	姜 超

系列名	序号	书名	作者
近代精神文化系列（18种）	185	翻译史话	王晓丹
	186	美术史话	龚产兴
	187	音乐史话	梁茂春
	188	电影史话	孙立峰
	189	话剧史话	梁淑安
近代区域文化系列（一种）	190	北京史话	果鸿孝
	191	上海史话	马学强　宋钻友
	192	天津史话	罗澍伟
	193	广州史话	张磊　张苹
	194	武汉史话	皮明庥　郑自来
	195	重庆史话	隗瀛涛　沈松平
	196	新疆史话	王建民
	197	西藏史话	徐志民
	198	香港史话	刘蜀永
	199	澳门史话	邓开颂　陆晓敏　杨仁飞
	200	台湾史话	程朝云

《中国史话》主要编辑
出版发行人

总 策 划	谢寿光	王 正	
执行策划	杨 群	徐思彦	宋月华
	梁艳玲	刘晖春	张国春
统 筹	黄 丹	宋淑洁	
设计总监	孙元明		
市场推广	蔡继辉	刘德顺	李丽丽
责任印制	岳 阳